Descubra la FE *de una* NACIÓN

NEWT GINGRICH

GRUPO NELSON
Una división de Thomas Nelson Publishers
Desde 1798

NASHVILLE DALLAS MÉXICO DF. RÍO DE JANEIRO BEIJING

Publicado en Nashville, Tennessee, Estados Unidos de América.
Grupo Nelson, Inc. es una subsidiaria que pertenece completamente a Thomas Nelson, Inc.
Grupo Nelson es una marca de Thomas Nelson, Inc.
www.gruponelson.com

Título en inglés: *Rediscovering God in America*

Publicado por Thomas Nelson, Inc.

Traducción: *Adrián Aizpiri*
Tipografía: *Grupo Nivel Uno*

ISBN-10: 1-60255-029-8
ISBN-13: 978-1-60255-029-2

Impreso en Estados Unidos de América

Dedico este libro a mi abuela Ethel Daugherty, mis padres Kit y Bob Gingrich, mi tía Loma y tío Cal Troutman y a los padres de Callista, Alphonse y Bernita Bisek, porque nos enseñaron la importancia de que Dios ocupara el centro de nuestra vida y el significado de ser estadounidense.

Reconocimientos

Este libro es el resultado de un gran esfuerzo y dedicación de un grupo de personas que, a medida que desarrollábamos ideas, empezamos a comprender cuánto había que aprender acerca de los líderes históricos de nuestra nación y su devoción a Dios.

Este proyecto ha sido una obra de amor y determinación por parte de mi hija Kathy Lubbers —que desarrolló el libro por medio de Lubbers Agency, entidad que coordinó todo el proyecto— y su esposo Paul Lubbers, que ha apoyado coherentemente con entusiasmo este proyecto que ha exigido mucho tiempo.

La invaluable ayuda de Jessica Gavora, Rick Tyler, Vince Haley, Joe DeSantis, Peter Oppenheim, Albert S. Hanser, Daniel P. Johnson y Kevin Goll en la tipografía, la edición y la investigación provista por ellos. También la ayuda de edición y revisión de este libro en español por Sylvia F. García y Alberto Acereda.

Estamos endeudados con Steve Ettenheim, Asma Hassan y Christopher Levenick, quienes leyeron el manuscrito y nos proveyeron de sus valiosos comentarios.

Estamos agradecidos a Randy Evans y a Stefan Passantino por su percepción y asesoría.

Una versión anterior a esta obra fue publicada en el apéndice de *Winning the Future: A 21st Century Contract with America* [Ganemos el futuro: Un contrato con Estados Unidos para el siglo XXI]. Quiero agradecer particularmente a Jeff Carneal, presidente de Eagle Publishing, a Marji Ross, presidente de Regnery Publishing y a todo el grupo de Regnery Publishing por darle inicio a este proyecto.

Un especial agradecimiento a mi esposa, Callista, por su continuo apoyo. Ha sido un verdadero placer trabajar con ella en la versión de audio de nuestra gira a pie.

Finalmente, quiero reconocer a nuestros nietos Maggie y Robert, y a sus padres Jackie y Jimmy Cushman.

Nuestros nietos son la motivación e inspiración para ayudar a preservar la idea céntrica a la grandeza de Estados Unidos: que todos hemos sido dotados *por nuestro Creador* de ciertos derechos inalienables; entre los que están la vida, la libertad y la búsqueda de la felicidad. Que ellos y todos nosotros, vivamos largo tiempo en una nación que entiende el papel de Dios en nuestra historia y que respete su papel en la vida de nuestra nación.

Washington, DC 2006

Contenido

INTRODUCCIÓN

El Creador y el ámbito público de la nación

NO HAY ATAQUE A LA CULTURA de esta nación más destructivo e históricamente deshonroso que el implacable esfuerzo desarrollado por la izquierda secular por destituir a Dios del ámbito público de Estados Unidos. La decisión de 2002 dictaminada por el Noveno Circuito de la Corte de Apelaciones citando que la frase «bajo Dios» [under God] es inconstitucional, representa un ataque fundamental a nuestra identidad estadounidense. Una corte que modifica unilateralmente el Juramento a la bandera [Pledge of Allegiance] adoptado por el Congreso en 1954, con la firma del presidente Eisenhower y apoyado por el noventa y un por ciento del pueblo estadounidense, está claramente actuando fuera de la realidad de un país que comprende que los derechos inalienables provienen de Dios.

Esta gira por la capital del país es una refutación para aquellos que desean erradicar a Dios de la historia nacional. Paso a paso, usted verá un caso concreto en la defensa del lugar que los estadounidenses siempre han reconocido para el Creador en nuestra vida pública.

En el caso del Juramento a la bandera, aunque la Corte Suprema rechazó la decisión del Noveno Circuito por razones de proceso, tampoco afirmó que decir «bajo Dios» era constitucional. Sólo tres de los jueces afirmaron esa posición, otros cinco presentaron excusas de proceso dictaminando que el demandante no tenía recurso legal para iniciar un juicio y el noveno juez Antonin Scalia tuvo que excusarse por haber realizado una declaración pública a favor del Juramento.

No obstante, si el demandante hubiese tenido recurso legal, es probable que la Corte Suprema, asombrosamente, hubiera dictaminado por una mayoría de 5 a 4 que la frase «bajo Dios» del Juramento es inconstitucional. La jueza Sandra Day O'Connor defendió la frase «bajo Dios» del Juramento argumentando únicamente que la misma carece de relevancia:

> Aunque sea aceptada literalmente, la frase es solamente descriptiva y sólo pretende identificar a Estados Unidos como una nación sujeta a la autoridad divina. Esto no puede ser visto como una seria invocación a Dios o como una expresión individual de sujeción a la autoridad divina... Cual sea la carga religiosa que se pretendía transmitir con esas palabras, hace ya largo tiempo que se ha perdido.

El Juramento, en su opinión, no es más que una simple invocación de «deísmo cívico». Aun así, si jurar lealtad a una nación bajo Dios no significa que creamos que Estados Unidos está bajo Dios (y por extensión, nosotros como ciudadanos tampoco), ¿qué sentido podría tener?

Cuando un pequeño grupo de jueces ignora la historia y decide que puede rechazar la cultura del noventa y un por ciento de Estados

Unidos, ¿cómo puede el sistema judicial, incluyendo la Corte Suprema, mantener su autoridad moral? No puede. La corte misma inicia cada jornada con la proclamación: «Dios salve a Estados Unidos y a esta Honorable Corte». Esta frase se ha proclamado por casi doscientos años y no fue adoptada como una proposición ceremonial insignificante, sino que fue adoptada por los jueces en 1820 porque querían invocar a Dios para que salvara a Estados Unidos y a la corte.

Del mismo modo, el Juramento a la bandera no contiene una referencia «ceremonial» a Dios. El término «bajo Dios» fue insertado deliberadamente por el Congreso con el fin de establecer una clara distinción entre el ateísmo tirano (de la Unión Soviética) y una sociedad libre cuyas libertades están basadas en los derechos otorgados por Dios a cada persona. Como escribió William O. Douglas, juez de la Corte Suprema referente al caso *Zorach vs. Clauson* dos años antes de que el Congreso insertara las palabras «bajo Dios» en el Juramento a la bandera: «Somos un pueblo religioso y nuestras instituciones suponen la existencia de un Ser supremo».

En los últimos cincuenta años la corte ha modificado su reconocimiento de la importancia central del apoyo religioso a las instituciones republicanas de Estados Unidos a la tolerancia de la expresión tradicional religiosa basada únicamente en una supuesta insinceridad.

Para la mayoría de los estadounidenses las bendiciones de Dios han sido la base de nuestra libertad, prosperidad y supervivencia como una nación singular.

Para la mayoría de los estadounidenses la oración es real y nos sometemos a Dios y le invocamos para recibir sabiduría, dirección y salvación.

Para la mayoría de los estadounidenses, la perspectiva de una sociedad despiadada que busca prohibir las referencias públicas a Dios y eliminar sistemáticamente todos los símbolos religiosos del ámbito público, es horrorosa.

No obstante, la voz de la gran mayoría de los estadounidenses está siendo rechazada por una elite académica, legal y de los medios de comunicación, que considera toda expresión religiosa como atemorizante y amenazante o de carácter antiguo y no sofisticada. El resultado de su oposición está en todo lugar.

Nuestras escuelas incesantemente han ido eliminando la mención de Dios en la historia de Estados Unidos (mire los libros de estudio de su hijo(a) o la guía del currículo de su escuela local).

Nuestros tribunales han estado literalmente prohibiendo las referencias a Dios, los símbolos religiosos y apelaciones públicas hechas a Dios (oración).

Durante dos generaciones hemos aceptado pasivamente el asalto del sistema judicial a los valores de la gran mayoría de los estadounidenses. Ha llegado el tiempo de insistir en el nombramiento de jueces que comprendan que a través de la historia, hasta este día, los ciudadanos de este país han creído que sus derechos fundamentales provienen de Dios y, por lo tanto, son inalienables.

La izquierda secular ha estado inventando leyes y distorsionando de modo grotesco la Constitución para lograr una meta que los Padres Fundadores habrían considerado una amenaza fundamental a la libertad.

El firme compromiso con la libertad religiosa es la piedra angular de la libertad estadounidense.

Aquellos que llegaron a las costas de Estados Unidos lo hicieron para practicar libremente sus creencias religiosas. Ello trajo a los puritanos con su deseo de crear una «ciudad asentada sobre un monte» que sería un faro de luz con su creencia religiosa y su piedad. Los peregrinos fueron otro grupo que se sumó a las colonias. Los cuáqueros en Pennsylvania y los católicos en Maryland fueron el cuarto grupo.

El avivamiento religioso, el Gran Avivamiento de la década de 1730, inspiró a muchos estadounidenses a pelear la Guerra de la Revolución con el fin de asegurar sus libertades religiosas otorgadas por Dios. Luego, en el siglo diecinueve, surgió otro avivamiento religioso inspirando la campaña de los abolicionistas por terminar con la esclavitud.

No fue casualidad que el himno de marcha del ejército de la Unión, durante la guerra civil, incluyera una estrofa que decía: «Así como Cristo murió para hacer al hombre santo, muramos para hacer al hombre libre». Esta frase luego fue modificada a «Vivamos para hacer al hombre libre». Pero los hombres que vestían el uniforme, que expusieron sus vidas para acabar con la esclavitud, sabían que la estrofa original era la correcta.

El hecho de que los Padres Fundadores diseñaran una forma práctica de gobierno que permitiera a los grupos religiosos la libertad de expresión para pronunciar sus fuertes creencias en el ámbito público, es un testamento a su genialidad. Y eso lo lograron en un marco constitucional que evita el conflicto y la discriminación interreligiosa, que caracterizó parte del período colonial.

Los principios fundamentales

Para los colonizadores, la disputa con los gobernantes británicos fue un argumento sobre principios fundamentales. ¿De dónde venía el poder? ¿Qué definía la lealtad? ¿Quién definía los derechos entre el rey y el súbdito?

Fue en ese contexto histórico que Estados Unidos proclamó en la Declaración de Independencia que todos los hombres «son dotados por su Creador de ciertos derechos inalienables; entre los que están la vida, la libertad y la búsqueda de la felicidad».

Esta es la cláusula sobre la que Estados Unidos se basó y cuando Thomas Jefferson escribió estas líneas, rechazó con ellas el concepto de que el poder sólo proviene de Dios por medio del monarca y luego al pueblo.

Las palabras inmortales de Jefferson acerca de los derechos inalienables que provienen de nuestro Creador reflejaba el pensamiento de muchos de nuestros Padres Fundadores.

Cuatro años antes que se escribiera la Declaración de Independencia, Samuel Adams escribió: «Si los hombres, por temor, fraude o error, en términos renunciaran o cedieran algún derecho natural y esencial, la eterna ley de la razón y el gran fin que tiene una sociedad, dejarían sin efecto tal renuncia; siendo el derecho a la libertad un don de Dios Todopoderoso, no yace en el hombre el poder de alienar este don y voluntariamente convertirse en un esclavo».

En 1775, Alexander Hamilton escribió que «los sagrados derechos de la humanidad no deben rebuscarse en viejos pergaminos o registros enmohecidos. Han sido escritos como por un rayo solar, en los tomos de la naturaleza humana, por la misma mano de la divinidad y jamás podrán borrarse o enturbiarse por el poder mortal».

John Dickinson, un cuáquero de Pennsylvania y firmante de la Constitución de Estados Unidos, escribió en el mismo año que se adoptó la Constitución «que los reyes ni los parlamentos son capaces de otorgar los derechos esenciales para la felicidad, nosotros creemos que provienen de una fuente más alta: del Rey de reyes y del Señor de toda la tierra. Estos derechos no nos son anexados por pergaminos o sellos, han sido creados en nosotros por los decretos de la Providencia y establecen los derechos de nuestra naturaleza. Nacen con nosotros y no nos pueden ser quitados por ningún poder humano».

Los Padres Fundadores creían que Dios concedía esos derechos directamente a cada persona. Por otra parte, esos derechos son «inalienables», el gobierno sencillamente no tiene poder para quitarlos. A través de los años dramáticos del establecimiento de Estados Unidos, la expresión religiosa era habitual entre los Padres Fundadores y considerada como totalmente compatible con los principios de la Revolución de Estados Unidos. En 1774 el primer Congreso Continental invitó al reverendo Jacob Duché para iniciar cada sesión con oración. Al comenzar la guerra contra los británicos, el Congreso Continental enviaba capellanes para que sirvieran en el ejército, y recibían una remuneración equivalente a la de un mayor en servicio.

Durante la Convención Constitucional de 1787, Benjamín Franklin (a menudo considerado como uno de los menos religiosos entre los Padres Fundadores) propuso que la Convención comenzara cada día con una oración. Siendo el delegado de mayor edad, a los ochenta y un años, Franklin insistió: «Cuanto más vivo, veo las pruebas contundentes de la siguiente verdad: Dios gobierna en los asuntos del hombre».

A causa de que esos hombres creían que el poder proviene de Dios hacia cada individuo, los redactores de la Constitución comenzaron con las palabras «Nosotros el pueblo». Observe que los Padres Fundadores no escribieron «nosotros los estados», ni tampoco «nosotros el gobierno». No escribieron «nosotros los abogados y jueces» ni «nosotros los medios de comunicación o universitarios».

Estos hechos históricos presentan un enorme problema para la izquierda secular. ¿Cómo pueden explicar a Estados Unidos sin hacer mención de su carácter religioso y su herencia? Si detestan y en muchos casos temen esta herencia, ¿cómo podrán comunicar la naturaleza central del pueblo estadounidense y su experiencia?

La respuesta es que la izquierda secular no puede enseñar verazmente la historia nacional sin mencionar el carácter y la herencia religiosa de esta nación, así es que decide ignorar el tema. Si no se enseña acerca de los Padres Fundadores, no hay que enseñar acerca de nuestro Creador. Si no se enseña acerca de Abraham Lincoln, no habrá necesidad de tratar con las catorce referencias a Dios y los dos versículos bíblicos en su segundo discurso inaugural de 703 palabras. De hecho, ese discurso ha sido grabado en la pared del Monumento a Lincoln, como permanente afrenta a todo radical secular que visite ese edificio público. Uno se pregunta cuándo sucederá que alguien desee presentar una demanda para que las referencias a Dios y la Biblia sean borradas del monumento, para no ofender a aquellos que odian o detestan la expresión religiosa.

Esta no es una amenaza vana. El doctor Michael Newdow, el secular radical que continúa lidiando en los tribunales para prohibir las palabras «bajo Dios», le dijo al *New York Times* que su intención era «erradicar el uso insidioso de la religión en la vida diaria». Aunque la Corte Suprema no halló que las palabras «bajo Dios» en el Juramento a la bandera fuera inconstitucional en el caso presentado por Newdow en 2004, desde entonces Newdow ha instigado un litigio similar que ha tenido éxito en la esfera del tribunal del distrito federal, que ahora aguarda la apelación del Noveno Circuito.

A diferencia del doctor Newdow, los Padres Fundadores desde el nacimiento de Estados Unidos reconocieron públicamente a Dios como la figura central para definir al país y asegurar las bendiciones de la libertad para la nueva nación.

Nuestro primer presidente, George Washington, en su primera inauguración del 30 de abril de 1789, «puso su mano derecha sobre la Biblia... y (después de hacer el Juramento) agregó: "Así me ayude Dios". Luego se inclinó y besó la Biblia que estaba frente a él». En su discurso inaugural Washington declaró:

> Sería peculiarmente inapropiado omitir de este primer acto oficial mis fervientes súplicas al Ser Todopoderoso que reina sobre el universo, que preside en los concilios de las naciones y cuyas ayudas providenciales pueden auxiliar toda deficiencia humana, a que Sus bendiciones consagren las libertades y la felicidad del pueblo de Estados Unidos de América, un gobierno

instituido por ellos mismos para este propósito y que este pueda a través de cada instrumento empleado en su administración ejecutar con éxito las funciones asignadas a su cargo... Ningún pueblo está más obligado a reconocer y adorar la mano invisible que conduce los asuntos del hombre, que el de Estados Unidos... Confío que se unirán conmigo a pensar que no hay nadie bajo la influencia de la cual los actos de un gobierno nuevo y libre pueda comenzar tan auspiciosamente.

Luego en la Proclamación de Acción de Gracias del 3 de octubre de 1789, Washington declaró: «Es el deber de todas las naciones reconocer la Providencia del Dios Todopoderoso, obedecer Su voluntad, ser agradecidos por Sus beneficios y humildemente implorar Su protección y favor». Note que Washington no sólo afirmó que los individuos tienen obligaciones ante Dios, sino que las naciones también. Al hacer esas declaraciones, el gobierno de Estados Unidos aún no había cumplido un año en función.

El observador más astuto del comienzo de Estados Unidos, Alexis de Tocqueville, observó en *La democracia en América* (1835):

> No sé si todos los estadounidenses tienen una fe sincera en su religión, porque ¿quién conocerá el corazón humano? No obstante, tengo la certeza de que sostienen la fe como elemento indispensable para el mantenimiento de las instituciones republicanas. Esta opinión no es particular a una clase de ciudadano o partido político, sino que pertenece a toda la nación y a cada nivel de la sociedad.

La izquierda secular junto con la elite de los medios, la educación y la jurisprudencia argumentarían que si Tocqueville estuviera en lo cierto, es irrelevante porque está escribiendo de Estados Unidos en otro tiempo. Ellos argumentan que Estados Unidos ha cambiado profundamente y ahora es un país muy diferente. La jueza O'Connor escribió que la frase «bajo Dios» fue adoptada en 1954, cuando «nuestra diversidad religiosa nacional no era ni tan robusta ni tan reconocida como ahora».

Esta es una profunda mal interpretación de los Estados Unidos modernos. Tal como Michael Novak ha observado, reconocer a una nación «bajo Dios» es mucho más importante en un país como Estados Unidos que tiene tanta diversidad religiosa, porque la frase trasciende cualquier fe o denominación y es inclusiva. El profesor de Harvard, Samuel Huntington, ha señalado que «Los estadounidenses tienen la tendencia a un cierto universalismo hacia la religión: Todas merecen respeto».

Más importante aun, la sabiduría de los Padres Fundadores concerniente a la libertad religiosa es tan relevante hoy como lo fue en 1787 porque refleja un entendimiento fundamental de la naturaleza humana y cómo los hombres y las mujeres pueden vivir mejor el experimento político de libertad ordenada que se estableció en Filadelfia.

Los Fundadores creían firmemente que la libertad era el propósito de un gobierno justo, pero que el mantenimiento de esa libertad en un pueblo libre requería virtud.

Y si la virtud iría a sobrevivir, requeriría de la «religión verdadera», cuyo significado era cualquier religión que cultivara las virtudes necesarias para la protección de la libertad.

Implícita en esta visión de los Padres Fundadores hay una sensibilidad pluralista. Cualquier religión verdadera podría ser merecedora del respeto del gobierno y debería incluir la libertad de expresar en público los principios morales de tal religión verdadera.

Esta noción de que la religión es un apoyo indispensable para el gobierno republicano, era la que abrazaba la generación de los Fundadores:

> Mantengo esta perspectiva con toda la satisfacción que nace del ferviente amor que inspira mi país; puesto que no hay verdad más solidamente establecida que aquella que existe en la economía y el curso de la naturaleza, una unión indisoluble entre la virtud y la felicidad, entre el deber y la ventaja, entre máximas verdaderas con una política honesta y magnánima y las firmes recompensas de la prosperidad y el bienestar público: No podemos persuadirnos de que las sonrisas serenas del cielo estarán sobre una nación que desdeñe las reglas eternas del orden y la justicia, que el cielo mismo ha ordenado, y puesto que la conservación del fuego sagrado de la libertad y el destino del modelo republicano de gobierno, son justamente considerados tan profundamente, y quizá finalmente establecido, es el experimento que ha sido confiado en las manos del pueblo estadounidense.

—*George Washington*, Primer discurso inaugural

La verdadera religión ofrece al gobierno su certero apoyo.

—*George Washington*, Al Sínodo de la IglesiaReformada Holandesa de Norte América, octubre 1789

De todas las disposiciones y hábitos que conducen a la prosperidad política, la religión y la moral son apoyos indispensables.

—*George Washington*, DISCURSO DE DESPEDIDA

No tenemos un gobierno armado con el poder de contender con las pasiones humanas desenfrenadas por la falta de moral y religión. La avaricia, la ambición, la venganza o la galantería romperían las más fuertes cuerdas de nuestra Constitución así como una ballena atraviesa una red de pesca. Nuestra Constitución fue hecha para un pueblo moral y religioso. Es completamente inadecuada para gobernar a otro pueblo.

—*John Adams*

La religión y la buena moral son los únicos fundamentos sólidos para la libertad y felicidad públicas.

—*Samuel Adams*

El político que ama la libertad ve... una sima que puede devorar las libertades que se ha dedicado a proteger. Él sabe que cuando la moralidad es destituida (la moralidad necesariamente cae sin religión), sólo los terrores del despotismo pueden reprimir las pasiones impetuosas de los hombres y confinarle dentro de los límites del deber social.

—*Alexander Hamilton*

Sin moral una república no puede subsistir por mucho tiempo; por lo tanto, aquellos que denigran de la religión cristiana —cuya moralidad es tan sublime y pura, y que denuncia la maldad, la miseria eterna y asegura a los buenos eterna felicidad—, están socavando el sólido fundamento de la moral, la mejor seguridad para la duración de los gobiernos libres.

—Charles Carroll

Nuestro país debe ser guardado del espantoso mal que es convertirse en enemigo de la religión del evangelio, de lo cual no tengo duda que sería la introducción a la disolución del gobierno y de la unión de la sociedad civil.

—Elias Boudinot

La religión y la virtud son los únicos fundamentos, no sólo del republicanismo y de todos los gobiernos libres, sino de la felicidad social en todo gobierno y en todas las combinaciones de la sociedad humana.

—John Adams

La lectura, la reflexión y el tiempo me han convencido de que los intereses de la sociedad requieren de la observación de aquellos principios morales... en que todas las religiones concuerdan.

—Thomas Jefferson

La religión es la única base sólida para la moral y la moral es el único apoyo posible para los gobiernos libres.

—Gouverneur Morris

El único fundamento para una educación útil en una república yace en la religión. Sin esta no puede haber virtud y sin virtud no puede haber libertad y la libertad es el objeto y la vida de todo gobierno republicano.

—*Benjamin Rush*

Para los Fundadores eso estaba muy claro. La libertad religiosa y la libertad de la expresión religiosa serían un indispensable apoyo para nuestra tradición de gobierno democrático y para nuestra sociedad pluralista.

Y así ha sido por más de doscientos años.

Es importante reconocer que el beneficio de esos apoyos se acumula para la gente, no sólo para los de una fe en particular, sino para los de todas las religiones, para todos los individuos de buena voluntad, sean religiosos, agnósticos, ateos o seculares radicales. De igual modo, los Fundadores claramente creían que debilitar esos apoyos religiosos, como el trato hostil a la religión en la vida pública de Estados Unidos, amenaza con socavar las mismas instituciones republicanas bajo las cuales tanto los religiosos como los no religiosos hallan sus libertades.

Este entendimiento y creencia que poseía la generación de los Fundadores de Estados Unidos nos deja muy claro por qué nuestros líderes nacionales han invocado coherentemente la protección de la Providencia divina en los tiempos de gran contienda nacional. Eso no ocurrió por primera vez en 1954, cuando el Congreso agregó las palabras «bajo Dios» al Juramento. El 2 de julio de 1776, mientras se reunía el Congreso Continental en Filadelfia para declarar la independencia, George Washington estaba juntando sus tropas en Long Island para enfrentar a los británicos en batalla. Ese día Washington escribió, en sus mandatos generales, a sus hombres:

> El tiempo está cerca en el que se determinará si los estadounidenses serán hombres libres o esclavos... el destino de los millones que aún no han nacido ahora depende, bajo Dios, de la valentía y la conducta de este ejército.

Esa misma semana que estábamos declarando la independencia de Gran Bretaña, Washington estaba afirmando que la independencia de Estados Unidos finalmente dependía de Dios.

De igual modo, Abraham Lincoln, en su discurso de Gettysburg dijo:

> Corresponde a nosotros, los vivos, más bien, el aquí dedicarnos a la obra inconclusa y que quienes lucharon han así dejado tan noblemente avanzada. Más bien, nos corresponde aquí el dedicarnos a la gran tarea que resta por hacer, que tomemos de estos honorables muertos una mayor devoción para la causa por la cual ellos brindaron la prueba plena de devoción; que aquí resolvamos noblemente que estos fallecidos no han de morir en vano; que esta nación, bajo Dios, tenga un nuevo nacimiento de libertad; y que el gobierno del pueblo, por el pueblo, para el pueblo, no perezca en este mundo.

Así como lo había hecho Washington antes que él, Lincoln entendió que el nuevo nacimiento de la libertad de Estados Unidos requeriría que la nación buscara la fuente de sus libertades en el mismo lugar que lo había hecho antes de la Guerra Civil: bajo Dios.

En el continuo esfuerzo por rechazar la visión de libertad religiosa que tuvo la generación de los Fundadores, eliminando toda forma de expresión religiosa de la vida pública estadounidense, los tribunales y las aulas son los dos lugares principales en el centro de esta batalla. Estos son dos campos en los cuales la izquierda secular ha impuesto cambios en contra de los deseos de la gran mayoría de los ciudadanos. No obstante, si insistimos en que esos tribunales respeten los acontecimientos de la historia de Estados Unidos en la interpretación de la Constitución, reestableceremos el derecho de todo estadounidense a reconocer públicamente a nuestro Creador como la fuente de nuestros derechos, nuestro bienestar y nuestra sabiduría. Y si insistimos en la educación patriótica tanto para nuestros hijos e hijas como para los nuevos inmigrantes, conservaremos los «acordes místicos de la memorias» que han convertido a Estados Unidos en la nación más excepcional en la historia.

Por estas razones «la gira» por la capital de nuestra nación es tan vigente e importante. Esta gira no sólo es una caminata por Washington, DC; es una gira por la historia estadounidense, de grandes hombres y mujeres, de grandes eventos, de magnos documentos y las grandes instituciones que forman el corazón de nuestra identidad como pueblo y de nuestras libertades como nacionales. Al leer las páginas de este libro usted descubrirá que nuestra nación realmente fue establecida «bajo Dios». La gira comienza en los Archivos Nacionales, en los que verá la Declaración de Independencia original. En ese documento podrá leer la frase inmortal que declara que hemos sido «dotados por nuestro Creador de ciertos derechos inalienables».

Ese fue el comienzo de nuestra independencia como pueblo libre.

Descubra la fe de una nación

Dotados por nuestro Creador

Los Archivos Nacionales

«Dios gobierna en los asuntos del hombre.
Y si las aves del cielo no caen al suelo
sin que Él lo sepa,
¿será posible que un imperio se levante
sin Su ayuda?»

Benjamin Franklin

Firmante de la Declaración de Independencia
y la Constitución

Capítulo 1

Los Archivos Nacionales

Los Archivos Nacionales son el depósito de los documentos más importantes de nuestra nación y, por lo tanto, no es coincidencia que sea la primera parada en nuestra gira. Al entrar al edificio usted verá una gran imagen de los Diez Mandamientos grabados en una placa de bronce que está en el piso, significando que nuestro sistema legal tiene sus orígenes en los Diez Mandamientos que Dios entregó a Moisés sobre el Monte Sinaí. Las creencias judeocristianas traídas por los peregrinos y otros al nuevo mundo moldearon el fundamento de nuestra Constitución y sistema de leyes de nuestros días.

Una breve historia de los Archivos Nacionales

Los Archivos Nacionales y Administración de Documentos constituyen una agencia federal cuya labor es mantener y preservar los documentos históricos estadounidenses y los registros federales. Además, publica oficialmente los mandatos ejecutivos del presidente y las leyes aprobadas por el Congreso. Antes que se establecieran los Archivos Nacionales, cada agencia federal debía mantener sus propios registros, esto cambió en 1934 cuando el Congreso votó para centralizar el proceso por medio de la creación de una agencia federal para supervisar todos los registros de gobierno. Otro aspecto de los Archivos Nacionales es promover el acceso público a los documentos de gobierno.

Los Archivos contienen una extraordinaria serie de tesoros históricos que incluyen, entre los más famosos, la Declaración de Independencia, la Constitución y el Tratado de compra de Louisiana. También hay otros registros de gobierno y correspondencia de las esferas militar, civil y diplomática que se preservan en los Archivos Nacionales. Los Archivos sólo conservan dos o tres por ciento de los registros federales del gobierno de cada año, incluyendo aquellos documentos que se determine que posean algún valor histórico o de investigación inherente. También mantiene registros que puedan ser de interés para los ciudadanos, tales como listas de pasajeros, pensiones y registros de servicio militar.

El diseño de los Archivos Nacionales fue realizado por John Russell Pope, que lo delineó con las tradicionales columnas de Corinto, permitiendo que el edificio complementara el resto de la arquitectura de Washington, DC, inspirada por los griegos y los romanos, como por ejemplo: el Departamento del Tesoro, la Casa Blanca, el Capitolio y los Monumentos a Lincoln y Jefferson. La obra comenzó en 1931 y se concluyó en 1935. Posee habitaciones con temperatura controlada y sin ventanas donde se conservan y reproducen los documentos.

Los documentos sensibles e históricos como la Constitución y la Declaración de Independencia se encuentran sellados en compartimientos de bronce, en los cuales se ha reemplazado el aire por helio, lo cual provee un ambiente más seguro para los mismos. También se filtra la luz para evitar el deterioro y al cerrarse el edificio los documentos son resguardados en una caja subterránea blindada.

La Declaración de Independencia

Siendo el manuscrito de mayor consecuencia para la libertad de la historia humana, la Declaración de Independencia es el documento más importante que se guarda en los Archivos Nacionales.

La Declaración de Independencia tuvo mucha influencia por parte de la Carta Magna de 1215, un contrato de derechos entre el rey británico y sus barones, reconocido en general como el primer gran paso hacia las libertades garantizadas en Bretaña. No obstante, la Declaración de Independencia difiere de la Carta Magna en una forma esencial: los Padres Fundadores creían que nuestros derechos como seres humanos sólo provienen de Dios, no del rey ni del estado. En la Declaración, los Padres Fundadores expresaron sus creencias acerca de la relación entre los derechos individuales y la libertad humana y enfáticamente proclamaron que esos derechos son verdades evidentes. Afirmaron que todas las personas «han sido dotadas por su Creador de ciertos derechos inalienables; que entre estos están la vida, la libertad y la búsqueda de la felicidad». Por lo tanto, rechazaron la noción de que el poder llegaba al pueblo a través del monarca, sino que venía directamente de Dios.

La Declaración de Independencia contiene cuatro referencias a Dios: el Legislador («las leyes de la naturaleza y el Dios de esa naturaleza»); el Creador («dotados por Su Creador de ciertos derechos inalienables»); el Juez Supremo («apelando al Juez Supremo del mundo por la rectitud de nuestras intenciones»); y el Protector («con absoluta confianza en la protección de la Divina Providencia»).

La Declaración de Independencia representa la génesis y el corazón de la libertad estadounidense: nuestros derechos provienen de nuestro Creador y no del gobierno, del soberano ni del rey.

El presidente John Quincy Adams elevó la conexión entre el cristianismo y la Declaración en un discurso que pronunció el Día de la Independencia en 1837, en Newburyport, al hacer la siguiente pregunta:

> ¿Acaso la Declaración de Independencia no organizó primero el pacto social sobre el fundamento de la misión del Redentor en la tierra? ¿Acaso puso la piedra angular del gobierno humano sobre los primeros preceptos del cristianismo?

La Declaración de Independencia provee el contexto correcto a través del cual podemos entender la Constitución de Estados Unidos y la Carta de Derechos, con un enfoque renovado de la naturaleza de esos derechos, que estos documentos fueron diseñados para proteger.

La Constitución y la Carta de Derechos

Otro documento resguardado en los Archivos Nacionales es la Constitución de Estados Unidos. Por causa de la creencia de que los derechos fundamentales de cada individuo provienen de Dios, los autores de la Constitución comenzaron el documento con estas tres palabras históricas: «Nosotros el pueblo». Observe que no escribieron «nosotros los estados» ni «nosotros el gobierno». Los Fundadores rechazaron la noción de que tales entidades fuesen las fuentes de la independencia y la libertad.

Las primeras diez enmiendas a la Constitución son conocidas como la Carta de Derechos [Bill of Rights]. La primera enmienda comienza así: «El Congreso no hará ley alguna por la que adopte una religión como oficial del Estado o se prohíba practicarla libremente».

Contra los que quieren eliminar la expresión religiosa del ámbito público, estas importantes palabras fueron escritas para proteger la libertad *de practicar* la religión y no *el ser libres* de toda religión. El lenguaje claramente prohíbe el establecimiento oficial de una religión nacional y al mismo tiempo protege la práctica de la religión en el ámbito privado y público. De hecho, dos de los autores principales de la primera enmienda, Thomas Jefferson y James Madison, que también fueron nuestros presidentes tercero y cuarto, respectivamente, asistían a servicios religiosos en el edificio del Capitolio, el lugar más público de todos. Durante la presidencia de Jefferson, también se celebraron servicios religiosos en el edificio del Tesoro y la Corte Suprema. Por lo tanto, los Padres Fundadores no veían ningún conflicto entre oponerse al establecimiento de una religión oficial y a la vez proteger la libertad de la expresión religiosa en el ámbito público.

La Declaración de Independencia, la Constitución y la Carta de Derechos muestran que los Padres Fundadores tenían la intención de forjar una nación bajo Dios. Estos son sólo unos cuantos de los documentos atesorados en los Archivos Nacionales, pero al unirlos forman el fundamento de las libertades que todos los estadounidenses disfrutan hoy.

La mano invisible de Dios

El monumento a Washington

«Es el deber de todas las naciones reconocer la providencia del Dios Todopoderoso y obedecer Su voluntad».

George Washington

Primer presidente de Estados unidos

Foto: Arlington Convention & Visitors Service

Capítulo 2

Monumento a Washington

Desde la base del Monumento a Washington hasta su cumbre de aluminio, este monolito a nuestro primer presidente está lleno de referencias a nuestro Creador. Eso no es coincidencia, porque George Washington fue un hombre profundamente religioso.

Cuando Washington hizo el juramento presidencial el 30 de abril de 1789, pidió que se abriese la Biblia en el libro de Deuteronomio, capítulo 28. Seguido al juramento, Washington agregó: «Así me ayude Dios» e inclinándose hacia delante besó la Biblia frente a él. Luego pronunció el primer discurso inaugural de Estados Unidos, en el cual hizo mención a la deuda que Estados Unidos tiene con nuestro Creador, declarando lo siguiente:

> Ningún pueblo puede estar más obligado a reconocer y adorar la mano invisible que conduce los asuntos del hombre que Estados Unidos. Cada paso que han avanzado hacia el carácter de una nación independiente se ha distinguido por alguna señal de intervención Providencial.

Una breve historia del Monumento a Washington

Aunque la construcción de este monumento comenzó en 1848, ese tributo fue planeado desde la fundación de la ciudad. De hecho, el mayor Charles Pierre L'Enfant, el ingeniero paisajista que planificó la ciudad, reservó un área para una «estatua equina» de Washington, en su diseño original de 1783. El monumento también se preparó para que sirviese como sepultura para Washington, aunque su testamento explícitamente estipulaba que su entierro fuera en el Monte Vernon. Otras propuestas ganaron auge, aunque la construcción del monumento continuó siendo obstaculizada por escasez de fondos.

La Washington National Monument Society [Sociedad del monumento nacional a Washington] se formó en 1833 con el fin de reunir los fondos para el proyecto, reuniendo cerca de 30.000 dólares alrededor de 1847. El diseño del arquitecto Robert Mills fue elegido y la construcción comenzó en 1848. (Mills había erigido un obelisco similar de sesenta metros a Washington en la Ciudad de Baltimore en años anteriores.)

Ese monumento inicialmente se construiría en un eje norte-sur con respecto a la Casa Blanca, aunque el plan se tuvo que cancelar porque las pruebas del terreno indicaban que el suelo no era adecuado para una estructura tan grande. (La ciudad de Washington, DC, como atestiguan sus habitantes, en los meses calurosos del verano se siente como un pantano, sin menoscabar; porque la mayor parte de la ciudad se construyó sobre un pantanal. A menudo eso presentaba dificultades en la construcción de grandes edificios como el Monumento a Washington.) Por lo tanto, fue construido en una ubicación al sureste de un verdadero eje norte-sur respecto a la Casa Blanca, aunque forma un perfecto eje este-oeste con el Capitolio. La piedra angular simbólica fue puesta el 4 de julio de 1848, con mucha festividad, aunque luego fue cubierta durante la construcción y su ubicación exacta se desconoce hoy.

En 1854 la Washington National Monument Society se quedó sin dinero y la construcción se detuvo a una altura de cuarenta y siete metros. Con el fin de avanzar la construcción, la sociedad invitó a los estados (y consecuentemente a gobiernos extranjeros) para que donaran piedras para la construcción del monumento. El Vaticano donó una piedra, acción que enfureció de tal forma a los xenofóbicos y a los anticatólicos del partido Know-Nothing («los ignorantes») que hurtaron la piedra y, extrañamente, tomaron control del monumento. La construcción y la recaudación de fondos iban a paso lento hasta que todo se detuvo en 1861. Con sólo cincuenta y tres metros de altura el monolito tenía la triste apariencia de una «chimenea hueca descomunal», de acuerdo a Mark Twain. (Hoy se puede notar exactamente dónde se detuvo la construcción, debido a la diferencia del color del tono en la piedra utilizada para completarlo.)

En 1876, el Congreso destinó dos millones de dólares para concluir la obra y el trabajo progresó con poca demora hasta su finalización el 6 de diciembre de 1884. Ese día fue conmemorado por una ceremonia de colocación de una piedra cimera de aluminio en la punta del monumento. En el lado oriental de la piedra se puede leer la inscripción en latín *Laus Deo*, que significa «Alabado sea Dios».

Dios en el Monumento a George Washington

La piedra angular del Monumento a Washington fue puesta en 1848. Aunque se desconoce su ubicación exacta, muchos artículos fueron puestos en su interior, incluyendo la Santa Biblia y un regalo de la Sociedad Bíblica. Estos fueron colocados junto con las copias de la Declaración de Independencia y la Constitución de Estados Unidos.

Al caminar en el interior de ese monolito, verá una placa conmemorativa otorgada por la Free Press Methodist-Episcopal Church [Iglesia Metodista Episcopal de la Prensa libre], la cual fue donada en 1893 por los Sabbath School Children [Hijos de la Escuela Sabática] de la congregación de Filadelfia. Esta es la primera de muchas referencias a Dios, incluyendo la oración ofrecida por la ciudad de Baltimore en la posición número doce, un memorial ofrecido por los chinos cristianos en la posición número veinte y una presentación realizada por los niños de la escuela dominical de Nueva York y Filadelfia en la posición veinticuatro.

Otros tributos tallados sobre los bloques del Monumento a Washington incluyen: «Santidad al Señor»; «Escudriñad las Escrituras»; «La memoria del justo será bendita»; «Que el Cielo a esta unión continúe su beneficencia»; «En Dios confiamos»; «Instruye al niño en su camino y cuando fuere viejo no se apartará de él».

La fe de George Washington

Los historiadores han debatido el grado de fe que tenía George Washington. No obstante, conforme a la reciente observación del historiador Michael Novak: «La nieta adoptada de Washington, "Nelly" Custis, pensaba que sus palabras y acciones fueron tan sencillas y obvias que no podía entender cómo alguien pudiera dejar de comprender que él siempre vivió una vida cristiana seria». Ella proveyó algunos de estos detalles importantes a uno de los primeros escritores de la biografía de Washington:

> Era su costumbre retirarse a la biblioteca a las nueve o diez de la noche, donde permanecía una hora antes de ir a su habitación. Siempre se levantaba antes del amanecer y permanecía en su biblioteca hasta que era llamado al desayuno. Nunca estuve en sus devociones privadas y jamás inquirí acerca de ellas. Hubiera pensado que dudar de su firme creencia en el cristianismo habría sido la más grande herejía. Su vida, sus escritos, demuestran que era cristiano. Él no era uno de esos que actúan u oran «para ser vistos por los hombres». Su comunión con Dios era en secreto.

Las acciones de Washington durante su vida comprueban que fue un hombre fuerte en la fe, a pesar del hecho de que no fue muy expresivo con sus creencias en el ámbito público. Por ejemplo, durante la primera reunión del Congreso Continental de Filadelfia, en septiembre de 1774, George Washington oró junto a otros delegados, incluyendo a Patrick Henry, John Jay y Edmund Randolph al momento de recibir la noticia de que la guerra con Inglaterra se había suscitado en Boston. En ese lugar los anabaptistas, los cuáqueros, los congregacionalistas, los episcopales, los unitarios y los presbiterianos juntos recitaron el salmo 35 como patriotas.

George Washington además proclamó el primer día nacional de acción de gracias en Estados Unidos. En 1795, ofreció una proclamación de oración y acción de gracias a la nación, como leemos a continuación:

> Cuando vemos las calamidades que afligen a tantas otras naciones, la presente condición de Estados Unidos nos da mucho motivo de consolación y satisfacción. Nuestra exención hasta ahora de guerras con el extranjero, con la perspectiva creciente de que continúe, nos da la elevada condición de tranquilidad interna que hemos disfrutado, la reciente confirmación de esa tranquilidad fue la supresión de una insurrección que despiadadamente la amenazaba; el feliz curso de nuestros asuntos públicos en general y la prosperidad sin igual en todas las clases de nuestra ciudadanía, son circunstancias que marcan particularmente nuestra situación indicando la bendición divina con nosotros. Estando en tal estado tenemos como pueblo un deber especial de reconocer con reverencia devota y afectuosa gratitud, nuestras muchas y grandes obligaciones hacia el Dios Todopoderoso e implorar que continúe y confirme las bendiciones que experimentamos. Profundamente impregnado con este sentimiento yo, George Washington, Presidente de Estados Unidos, recomiendo a todas las sociedades religiosas y denominaciones y a todas las personas dentro de Estados Unidos, apartar y observar el día 19 de febrero próximo, como día público de acción de gracias y oración y en ese día reunirse para rendir su sincero agradecimiento de corazón al Gran Gobernador de las naciones por sus multiformes y señaladas misericordias que distinguen nuestra suerte como nación, particularmente por la posesión de las constituciones de gobierno que nos unen y por esa unión establecen libertad con orden; por la preservación de la paz, en el extranjero y en casa; por el control oportuno que ha sido dado a un espíritu de desorden en la supresión de la última insurrección y en general, por el curso

próspero de nuestros asuntos públicos y privados y al mismo tiempo humildemente y fervientemente implorar al amable Autor de estas bendiciones, que con gracia nos las prolongue; que grabe en nuestros corazones un sentido profundo y solemne de nuestras obligaciones hacia Él por ellas; que nos enseñe a estimar correctamente su inmenso valor; que nos guarde de la arrogancia de la prosperidad y de poner en peligro las ventajas que disfrutamos en búsquedas engañosas; que disponga de nosotros para merecer la continuación de Sus favores por no abusar de ellos; que por nuestra gratitud, hacia ellos y una conducta correspondiente como ciudadanos y hombres; rindamos a este país cada vez más un asilo propicio para los desafortunados de otros países; que propague entre nosotros conocimiento verdadero y útil; que difunda hábitos de sobriedad, orden, moralidad y piedad y finalmente, que imparta todas las bendiciones que poseemos, o que pedimos para nosotros mismos, a toda la familia de la humanidad.

Sobre el altar de Dios

El monumento a Jefferson

*«Dios que nos dio vida nos dio libertad.
¿Pueden las libertades de una nación
estar seguras cuando hemos quitado la convicción
de que estas libertades son el don de Dios?»*

Thomas Jefferson

Tercer presidente de Estados Unidos de América

Foto: PD-USGov-Military

Capítulo 3

Monumento a Jefferson

Para aquellos que no han estado en el Monumento a Jefferson, su inclusión en este libro puede sorprenderles. Después de todo, la historia ha registrado a Thomas Jefferson como deísta, fue el autor de la famosa carta a los bautistas de Danbury en la cual demandó un «muro de separación entre la iglesia y el estado». No obstante, si bien es cierto que Jefferson enfatizaba constantemente la importancia de cuestionar todas las cosas, incluyendo la existencia de Dios, sus escritos y su historia de gobierno dejan en claro que él mismo tenía una profunda convicción de que las libertades estadounidenses eran un don de Dios.

Una breve historia del Monumento a Jefferson

No fue hasta 1934 que Franklin Delano Roosevelt persuadió al Congreso de aprobar una resolución conjunta para establecer una comisión para la construcción de un monolito que honrara al tercer presidente de Estados Unidos, uno de nuestros más grandes estadistas, filósofo, político y diplomático. Luego de innumerables diseños y propuestas de ubicación, la comisión para la construcción del Monumento a Thomas Jefferson decidió honrar el plan original de Pierre L'Enfant, que indicaba la construcción de cinco monolitos diferentes alineados en forma de cruz en el centro de la ciudad. El de Jefferson sería el quinto y último punto, sobre la pintoresca cuenca Tidal.

No obstante, en una manera absurdamente antidemocrática y contraria a la forma de Jefferson, la comisión solicitó sólo una propuesta; al final, el diseño tipo panteón del arquitecto John Russell Pope fue aprobado. Pope modeló su diseño original basado en la casa de Jefferson, incorporando en el monumento la arquitectura romana que Jefferson tanto admiraba. El fallecimiento de Pope en 1937 generó un nuevo debate sobre el diseño del monumento. El proceso poco competitivo de la licitación sirvió sólo para destacar a los detractores, que ahora desaprobaban el diseño de Pope y anunciaban todo el proceso como una afrenta al mismo hombre que este monumento suponía honrar. Posteriormente, con el apoyo de Franklin Delano Roosevelt, el diseño del panteón hecho por Pope, aunque ligeramente modificado, fue aprobado y la construcción al fin empezó. Después de su terminación, el monumento fue oficialmente dedicado en 1943.

Referencias religiosas en el Monumento a Jefferson

Al entrar en este monumento, si usted mira directamente sobre su cabeza, alrededor de la cámara en la cúpula interior se lee lo siguiente: «He jurado sobre el altar de Dios, hostilidad eterna contra toda forma de tiranía sobre la mente del hombre».

De los cuatro paneles dentro de la cúpula, tres contienen referencias a Dios. Al observar el panel número uno, usted verá un famoso pasaje de la Declaración de Independencia:

> Sostenemos como evidentes estas verdades: que todos los hombres son creados iguales; que son dotados por su Creador de ciertos derechos inalienables; que entre estos están la vida, la libertad y la búsqueda de la felicidad.

El panel número dos contiene un extracto de una Declaración de derechos estableciendo libertad religiosa en 1777 (aprobado por la Asamblea de Virginia en 1786.) Dice así, en parte:

El Todopoderoso creó la mente libre... Todo intento de influenciarla por medio de castigos o gravámenes temporales... es una deserción del plan sagrado del autor de nuestra religión... Ningún hombre será obligado a frecuentar o apoyar ningún tipo de adoración religiosa o ministerio, ni tampoco sufrir por causa de sus opiniones o creencias religiosas, sino que todos los hombres serán libres para profesar y por su argumento mantener sus opiniones en razones de religión. Yo sólo conozco un código de moralidad para los hombres, sea que estos actúen singularmente o colectivamente.

Por último, en el panel número tres usted verá a la izquierda en la entrada, las anotaciones tomadas de Jefferson en 1785 acerca del Estado de Virginia. Dice lo siguiente:

> Dios que nos dio vida nos dio libertad. ¿Pueden las libertades de una nación estar seguras cuando hemos quitado la convicción de que esas libertades son el don de Dios? Ciertamente, tiemblo por mi nación cuando pienso en que Dios es justo, que

> Su justicia no dormita para siempre. El comercio entre el amo y el esclavo es despotismo. No hay nada escrito más cierto en el libro del destino, que esta gente debe ser libre.

Muchas de las acciones de Jefferson durante su vida indican su apoyo a la religión en el ámbito público de Estados Unidos. Por ejemplo, permitió el uso de edificios públicos para llevar a cabo servicios religiosos, incluyendo el Capitolio de Estados Unidos. Fue Jefferson quien también recomendó al Congreso una ayuda anual de cien dólares, del tesoro federal, para el trabajo de un sacerdote misionero católico a la tribu indígena kaskaskia. Además, cuando Jefferson escribió su primer plan de educación adoptado por el Distrito de Columbia, utilizó la Biblia y el himnario de Isaac Watts como principales textos para la enseñanza de la lectura a los estudiantes.

Jefferson mismo desmintió a aquellos que denunciaban su hostilidad hacia la religión. En una carta al doctor Benjamín Rush, con fecha 21 de abril de 1802, Jefferson escribió que sus opiniones «son el resultado de una vida de búsqueda y reflexión, muy diferente del sistema anticristiano que se me imputa por aquellos que nada saben de mis opiniones».

Si usted tiene el tiempo para hacerlo, visite la exhibición de Jefferson debajo de la rotonda. En contraste al contenido allí exhibido, usted notará que hay una falta de citas, notas o referencias a Dios y de la profunda fe religiosa de Jefferson. Esta exhibición poco refleja la personalidad de Jefferson y es una prueba del aumento de los intentos de secularizar la vida pública a expensas de la veracidad histórica.

La próxima vez que un amigo secular utilice la frase «el muro de separación entre la iglesia y el estado» tratando de explicar por qué los fondos públicos no deben ser destinados al apoyo de actividades patrocinadas por entidades religiosas, sencillamente hábleles de los escritos de Jefferson y de sus acciones durante su presidencia, tal como sancionar el uso del Capitolio para servicios religiosos. Pregúnteles: «Considerando las acciones de Jefferson durante su presidencia, ¿qué crees que pensaría él acerca de tus planes de erradicar todas las actividades religiosas del ámbito público, siendo que él nunca lo hizo?»

Aquel que creó el mundo aún lo gobierna

Monumento a Lincoln

*«Estoy profundamente dedicado
a la lectura de la Biblia.
Acoge todo cuanto puedas de este libro
con tu razón y el resto por fe, y vivirás y morirás
siendo un mejor hombre».*

Abraham Lincoln

Decimosexto presidente de Estados unidos de América

Foto: PD-USGov-Interior-NPS

Capítulo 4

Monumento a Lincoln

Del Monumento a Jefferson, nos dirigimos al de Lincoln, que como presidente guió a nuestra nación a través de la Guerra Civil. Es un bello contraste que estos dos monolitos compartan tal cercanía, porque deben verse seguidamente. Como tratamos anteriormente, Jefferson comprendía que nuestros derechos provienen del Creador. Abraham Lincoln se guió con el mismo entendimiento, confió en el poder de la divina Providencia para guiar a la nación a través de la guerra.

Una breve historia del Monumento a Lincoln

Como la mayoría de los monumentos en Washington, DC, el proceso de acordar el diseño y ubicarlo demostró ser una tarea larga y controversial. Aunque la idea del Monumento a Lincoln había sido pensada desde el asesinato del decimosexto presidente, la falta de apoyo económico detuvo el progreso de dichos esfuerzos.

El presidente Taft apoyó un esfuerzo por parte de los congresistas Shelby M. Cullom y Joseph G. Cannon, que habían conocido a Lincoln en Illinois, para construir el monolito. El Congreso asignó dos millones de dólares para el proyecto y después de un debate hostil para decidir el diseño y su ubicación, la construcción comenzó en 1914 sobre el lado occidental del presente National Mall [bulevar nacional], en aquel tiempo llamado «Potomac Flats».

El diseño del arquitecto Henry Bacon fue profundamente influenciado por la arquitectura griega y escogió modelar el monumento conforme a un templo griego conocido como el Partenón (no confundirse con el Panteón, que es romano). El desarrollo de la construcción iba lento debido a que gran parte del área donde ahora está el monumento era pantanoso, haciendo que la construcción del fundamento llevara más tiempo y fuera difícil. A pesar de dichos problemas la obra avanzaba y ocho años después de su inicio el presidente Warren Harding lo dedicó el día 30 de mayo de 1922.

Bacon escogió las columnas griegas dóricas para simbolizar en parte la batalla de Lincoln por conservar la democracia durante la Guerra Civil. Aparentemente, la creación de las treinta y seis columnas por Bacon fue incidental, por lo que más tarde decidió que servirían como representación de los treinta y seis estados que conformaban la Unión en el tiempo que Lincoln falleció. Cada columna tiene inscrito el nombre del estado que representa. Debido a que ese monumento se completó en 1922 cuando había cuarenta y ocho estados, se incluyó una lista adicional de los estados presentes en el muro del ático exterior.

Daniel Chester French esculpió la estatua de Lincoln buscando representar las cualidades más admiradas del presidente, tanto su naturaleza compasiva como su resolución inflexible por conservar la Unión. Aquellos que visitan el monumento notarán que una de las manos de Lincoln está fuertemente empuñada, lo cual representa su determinación y fuerza, mientras que la otra está abierta y descansada, mostrando la compasión del presidente.

El estilo imponente de las grandes columnas dóricas y la misma estatua de Lincoln son para simbolizar la fuerza de la Unión, sostenida por los esfuerzos incansables de Lincoln. Los estudiosos de la historia recordarán la dificultad que experimentó la Unión durante los primeros años de guerra, con el revés militar del inicio y las grandes pérdidas; razón por la cual algunos demandaban el fin a la guerra. No obstante, Lincoln avanzó confiado por la causa de la justicia moral que tenía la Unión y también por la necesidad de conservar la Unión, como «la última y mejor esperanza sobre la tierra».

Las reflexiones religiosas de Lincoln exhibidas en el monumento

Las reflexiones de Lincoln sobre el papel de Dios en la historia nacional se exhiben prominentemente en su monolito. Del lado izquierdo de la estatua, inscrito en el muro, está el discurso de Gettysburg. Este discurso es de sólo 267 palabras (en inglés), pero concluye con la percepción que Lincoln tenía en cuanto a la relación de Estados Unidos con Dios: «Aquí resolvamos noblemente que estos fallecidos no han de morir en vano; que esta nación, bajo Dios, tenga un nuevo nacimiento de libertad».

El segundo discurso inaugural de Lincoln, considerado por algunos como el más sobresaliente, está inscrito en el muro del lado derecho de la estatua. Este discurso es de 703 palabras, pero menciona a Dios catorce veces y dos veces cita la Biblia. Aquí Lincoln reflexiona que el curso de la Guerra Civil no fue controlado por el hombre, sino por el Todopoderoso, cuyos propósitos eran distintos que aquellos de los dos grupos en el gran conflicto:

> Cada uno (de la Unión y los confederados) buscó un triunfo más fácil y un resultado menos fundamental y asombroso. Ambos leen la misma Biblia y oran al mismo Dios y cada uno invoca su ayuda contra el otro. Puede parecer extraño que los hombres se atrevan a pedirle a un Dios justo ayuda para partir su pan con el sudor del rostro de otro hombre; pero no juzguemos, para no ser juzgados. La oración de los dos no pudo ser respondida y la de ninguno de los dos lo fue enteramente. El Todopoderoso tiene sus propósitos.

Como pueden leer, Lincoln lamenta la destrucción causada por la guerra civil y urge a los compatriotas estadounidenses a «no juzgar, para no ser juzgados». Lincoln culminó su discurso apelando al amor para curar las heridas de la guerra:

> Sin malicia hacia nadie, con amor para todos, con la firmeza en el derecho que Dios nos da para ver lo justo, luchemos para terminar la obra en que estamos, curar las heridas de la nación, cuidar de los que libraron la batalla y de la viuda y del huérfano de aquel que cayó y hacer todo aquello que pueda lograr y abrigar una paz justa y duradera entre nosotros y con todas las naciones.

Cerca de cien años después del segundo discurso inaugural de Lincoln, fue enteramente propicio que el gran líder de los derechos civiles el Reverendo Martín Luther King Jr., proclamara su famoso discurso «Yo tengo un sueño» en los escalones del Monumento a Lincoln. Una inscripción sobre el granito cerca del monolito fue agregada en agosto de 2003, basada en el texto de Isaías 40.4-5 que dice así:

> Yo tengo un sueño que un día todo valle será alzado y todo monte y colina será bajado, que lo áspero será allanado y lo torcido se enderezará, y se manifestará la gloria del Señor y toda carne lo verá.

La fe de Abraham Lincoln

Abraham Lincoln dependió del poder de la divina Providencia para guiar a la nación por cuatro largos años de una guerra que cobró las vidas de 620.000 estadounidenses. El 6 de octubre de 1862, Lincoln escribió:

> Si mi voluntad se hiciera, esta guerra nunca hubiera comenzado. Si se me hubiera permitido hacer las cosas a mi manera, esta guerra hubiera acabado antes que todo esto aconteciera. Pero vemos que aún continúa; y debemos creer que Él permite todo esto por algún sabio propósito suyo, misterioso y desconocido para nosotros; y aunque con nuestro limitado entendimiento no podamos comprenderlo, no podemos sino sólo creer, que Aquel que hizo el mundo aún lo gobierna.

En una cena en la Casa Blanca durante la guerra, el clérigo que ofreció la bendición concluyó con este pensamiento: «El Señor está de parte de la Unión», a lo cual Lincoln respondió: «No me preocupa tanto eso, porque sé que el Señor siempre está de parte de lo justo. Pero es mi constante ansiedad y oración que yo y esta nación estemos de parte del Señor».

Anteriormente a eso, la viva dependencia de Lincoln en Dios se registra en una historia que le contó al General Dan Sickles, que había participado en la batalla de Gettysburg:

> Bien, te diré cómo fue. En lo recio de la campaña allí (en Gettysburg) cuando todos parecían estar en pánico y nadie sabía qué iba a pasar, oprimido por la gravedad de nuestros conflictos, fui a mi habitación un día, cerré la puerta y me puse de rodillas ante el Dios Todopoderoso e hice oración intensa a Él por la victoria en Gettysburg. Le dije que esa guerra era de Él y nuestra causa Su causa, pero que no podríamos soportar otro Fredericksburg o Chancellorsville... Y después de eso, no sé cómo fue ni puedo explicarlo, pero una dulce calma inundó mi alma. El sentir que vino sobre mí fue que Dios había tomado toda aquella cuestión en sus manos y que las cosas saldrían favorables en Gettysburg y por esa razón no temía por ti. (5 de julio de 1863)

En el mes de noviembre seguido a la Batalla de Gettysburg, el mismo mes del discurso de Gettysburg, Lincoln proclamó que el último jueves de noviembre de allí en adelante sería apartado como el día de acción de gracias. Muchos días de acción de gracias habían sido proclamados por presidentes anteriormente, pero esta proclamación fue la que finalmente estableció el feriado nacional que celebramos anualmente. Lincoln explicó:

> Me pareció bien y apropiado que estos (los dones de Dios) sean solemnemente, con reverencia y agradecimiento, reconocidos

> con un solo corazón y una sola voz por todo el pueblo estadounidense. Por lo tanto, invito a mis conciudadanos en cada lugar de Estados Unidos, en alta mar o residiendo en tierras extranjeras, a que aparten y observen el último jueves de noviembre como un día de acción de gracias y alabanza a nuestro benevolente Padre que mora en los cielos. (3 de octubre de 1863)

Un año después, al recibir una Biblia como obsequio de un grupo de afroamericanos de Baltimore, Lincoln ofreció estas palabras de agradecimiento:

> En referencia a este gran Libro, debo decir que es el mejor regalo que Dios ha dado a los hombres. Todo lo que el buen Salvador dio al mundo fue comunicado a través de este Libro. Sin él no sabríamos distinguir lo correcto de lo incorrecto. Todo lo deseable para el bienestar del hombre, para esta vida y el más allá, se encuentra descrito en él. A ustedes les expreso mi más sincero agradecimiento por venir elegantemente acompañados del gran Libro de Dios, que aquí me presentan. (9 de septiembre de 1864)

Cuando escucho a los seculares radicales decir que la mención de Dios debe ser erradicada de las aulas escolares, quiero preguntarles: «¿Cómo pueden nuestros estudiantes entender a Lincoln durante la Guerra Civil sin antes comprender su fe en los principios de la Declaración de Independencia, su meditación en la voluntad divina y su firme resolución expresada en Gettysburg que esta nación, bajo Dios, tendrá un nuevo nacimiento de libertad?»

Les honramos

MONUMENTO A LOS VETERANOS DE VIETNAM

«A nuestros jóvenes amigos, sí, jóvenes amigos, porque en nuestros corazones siempre serán jóvenes, llenos del amor que es la juventud: amor por la vida, amor por el gozo, amor por su nación, ustedes han peleado por su país, por su seguridad y por la libertad de otros con fuerza y valentía. Les amamos. Les honramos. Y tenemos fe que, así como Él hace con todos Sus hijos sagrados, el Señor les bendiga y les guarde, el Señor haga resplandecer Su rostro sobre ustedes y les dé paz, ahora y para siempre».

Ronald Reagan

CUADRAGÉSIMO PRESIDENTE DE ESTADOS UNIDOS DE AMÉRICA

Foto: PD-USGov-Interior-NPS

Capítulo 5

Monumento a los Veteranos de Vietnam

El Monumento a los Veteranos de Vietnam no tiene referencias directas a Dios, pero se incluye en nuestra gira por la siguiente razón: Su creación ha inspirado cientos de mementos, dejados en el monumento, que sirven como testamento al papel central que Dios ocupa en la vida estadounidense.

Una breve historia sobre el Monumento a los Veteranos de Vietnam

Los veteranos de Vietnam, que fundaron el Fondo para el Monumento a los Veteranos de Vietnam [The Vietnam Veterans Memorial Fund, Inc., VVMF], en 1979 tuvieron un fuerte desafío. La guerra de Vietnam fue una de las más divisivas y políticamente impopulares en la historia de la nación. Más de 58.000 estadounidenses murieron y muchos miles desaparecieron en guerra o como prisioneros de guerra. Apenas habían transcurrido cuatro años desde que el presidente Ford finalizó la intervención de Estados Unidos en Vietnam y la amargura aún seguía latente en toda la nación.

¿Cómo podrían ahora los miembros del VVMF crear un monumento para honrar a los ciudadanos que sirvieron durante la guerra de Vietnam, sin causar un torbellino de controversia? ¿Cómo podrían crear una oportunidad para que la nación empezara a reconciliarse consigo misma, de modo que se iniciara el proceso de recuperación?

La respuesta fue crear un monolito que honrara y recordara a los que sirvieron en Vietnam, sin hacer una afirmación política acerca de la guerra. Por esa razón la conmemoración se denominó como el Monumento a los Veteranos de Vietnam en vez del Monumento a la Guerra de Vietnam.

El 1 de julio de 1980 el Congreso autorizó la construcción del monolito próximo al espejo de agua ubicado en la base del Monumento a Lincoln. En octubre el VVMF abrió una licitación por el diseño que atrajo a más de 1400 participantes. El jurado unánimemente eligió el diseño de una estudiante de veintiún años de la Universidad de Yale llamada Maya Ying Lin. La aprobación final del diseño se recibió el 11 de marzo de 1982. Quince días después se inició la obra.

Inicialmente el monumento consistía de dos partes: el mural de los nombres, finalizado en noviembre de 1982 y la estatua de los tres soldados sosteniendo el mástil con la bandera, la cual se añadió en noviembre de 1984 como parte de un acuerdo por la controversia acerca del diseño original del monumento, que sólo incluía el mural. El presidente Ronald Reagan luego recibió este monumento terminado como en nombre de la nación y su custodia fue delegada al Servicio

Nacional de Parques, responsable de la región capital del país. Más tarde, en noviembre de 1993, se agregó el Monumento a las Mujeres que Sirvieron en Vietnam.

Un monumento viviente

Todos los días el servicio de parques recoge memorias dejadas a seres queridos, caídos en guerra, por los visitantes al Monumento a los Veteranos de Vietnam. Miles de ellas son recogidas, catalogadas y puestas en depósitos cada año por el servicio de parques. Cuando se inauguró el monumento, la gente no sabía que las memorias serían guardadas y coleccionadas, pero igual las dejaban. En los primeros dos años, se coleccionaron 554 objetos y el recuento más reciente ha sido de más de 50.000.

Puesto que el Monumento a los Veteranos de Vietnam se ha convertido en un vivo recuerdo público, resulta natural que los estadounidenses dejen símbolos religiosos a sus pies. El Servicio Nacional de Parques estima que cientos de Biblias, rosarios y «objetos personales distinguidos por pasajes de la Escritura» han sido dejados por los visitantes y agregados a la colección. Algo común que se observa en el monumento es ver a amigos, familias y compañeros de los fallecidos, frotando un crayón dorado especial sobre un papel, en el mural, para calcar con cuidado y reverencia el nombre de la persona para atesorarlo en sus casas. También es frecuente observar a amigos, familiares y compañeros inclinando sus cabezas en oración silenciosa. Estas memorias y expresiones de fe se han convertido en parte de la experiencia del Monumento a los Veteranos de Vietnam y en un poderoso testamento al papel central que Dios y la fe ocupan en las vidas de muchos estadounidenses.

En octubre de 1992, más de 1.500 de estas memorias fueron puestas en exhibición en el Instituto Smithsonian de Washington, DC. Desde entonces, la exhibición ha llegado hasta Londres, Inglaterra. El Museo Imperial de Guerra en Londres y el Museo de Niños Exploradores de Jersey situado en East Orange, Nueva Jersey, aún exhibe muchos de esos artículos.

Monumento a las Mujeres que sirvieron en Vietnam

Este memorial que destaca el servicio de las mujeres en Vietnam fue añadido en noviembre de 1993. La estatua presenta tres mujeres con un soldado herido, una de las enfermeras consuela al soldado, otra implora la ayuda de lo alto mientras que la tercera está arrodillada. ¿Será que estas dos enfermeras están clamando a Dios en oración? La artista, Glenna Goodcare de Dallas, Texas, intencionadamente dejó la estatua abierta a la interpretación.

Danos fe en Ti

MONUMENTO A
FRANKLIN DELANO ROOSEVELT

«Oh Señor, danos fe. Danos fe en ti;
fe en nuestros hijos; fe unos con otros;
fe en nuestra cruzada unidos...
Sea hecha tu voluntad, Dios Todopoderoso, amén».

Franklin Delano Roosevelt

TRIGÉSIMO SEGUNDO PRESIDENTE DE ESTADOS UNIDOS DE AMÉRICA

CAPÍTULO 6

Monumento a Franklin Delano Roosevelt

AL ACERCARNOS A LAS CATARATAS DEL MONUMENTO A Franklin Delano Roosevelt, es bueno tener presente el legado que este gran presidente nos ha dejado. Muchos consideran a Franklin Roosevelt el Padre del liberalismo moderno, así que posiblemente le sorprenda saber que fue un hombre de profunda convicción religiosa y que sin presentar excusas ligaba la preservación de nuestra nación, durante la Segunda Guerra Mundial, con la de nuestra religión.

Una breve historia del Monumento a Franklin Delano Roosevelt

El Monumento a Franklin Delano Roosevelt (FDR) se terminó recientemente en 1997, aunque su planificación se registra desde 1955, sólo diez años después de la muerte de FDR. El sitio para el monolito en la cuenca Tidal fue escogido en 1959. Cuando la obra hizo un alto en la década de los sesenta, se levantó un simple memorial conforme a las modestas especificaciones de FDR. Él había solicitado uno que no fuese más grande que un escritorio con una inscripción sencilla: «En memoria de...», instalado frente a los Archivos Nacionales. De hecho, aún existe en el ángulo noroeste, al lado de los Archivos Nacionales en la Avenida Pennsylvania.

Después de numerosas competencias de diseño para la construcción del monumento, la propuesta del arquitecto John Halperin finalmente fue seleccionada en 1978. El diseño de Halperin es notablemente diferente de los otros memoriales ubicados en el National Mall porque el diseño no sólo presenta a Roosevelt el presidente, sino que conduce a las visitas en un viaje a través de los tiempos de la Gran Depresión y la Segunda Guerra Mundial, presentando un sólido contraste con los monumentos compactos a Lincoln, Jefferson y Washington, al ofrecer a las visitas un paseo por los cuatro términos de FDR a través de un ondulado camino de mármol y granito. En su interior hay un número de cataratas y árboles que delimitan el monumento que está en la cuenca Tidal.

Halperin construyó cuatro «habitaciones» al aire libre que contienen una colección de citas, estatuas y figuras en relieve. Cada «habitación» representa uno de los cuatro términos de la presidencia de FDR. El diseño de Halperin permitía a los visitantes vislumbrar la adversidad que la nación enfrentó durante la presidencia de FDR, la cual abarca unos de los tiempos más acrisolados en la historia nacional.

El primer mandato de FDR fue de 1932-1936, en medio de la Gran Depresión, un tiempo de amplia dislocación económica y social. Con treinta por ciento de los estadounidenses desempleados en aquella época, FDR heredó una economía en caos y una nación desmoralizada. En su primer mandato FDR buscó cumplir su promesa de un «nuevo trato» para el pueblo estadounidense. Ese nuevo trato, como llegó a conocerse, abarcaba una serie de programas sociales y para desempleados, los cuales, aunque fallaron en ponerle fin a la depresión, proveyeron al menos un estímulo necesario a la moral de miles de obreros anteriormente desempleados. FDR instó a los ciudadanos a «escoger el camino de... la fe... el amor... y la esperanza hacia nuestro prójimo».

El siguiente mandato de FDR vio al mundo llegar al precipicio del conflicto global al tiempo que Japón continuó extendiendo su invasión de China y Alemania ocupaba Sudetenland en Checoslovaquia. Aquí, en la «habitación» del segundo mandato, una escultura presenta a un hombre escuchando atentamente la radio. A través de este tiempo turbulento, FDR hablaba con la nación en una serie de «Fireside Chats» (charlas junto a la fogata) que hacía por la radio. Estas charlas proveían a FDR un medio para comunicarse con una población ansiosa, permitiéndole establecer una conexión personal con millones de estadounidenses. Los discursos de FDR coincidían con su personalidad afable y apaciguada. La Segunda Guerra Mundial comenzó a principios de 1939 con la invasión de Hitler de Polonia y Estados Unidos aumentó su apoyo a las democracias occidentales, proveyendo de todo excepto de soldados armados.

Los turbios años del tercer mandato de FDR que abarcaron de 1940-1944 están marcados en el monumento por una serie de grandes piedras de granito que obstruyen el camino de los visitantes. Una estrepitosa catarata simboliza la violencia de los años de la guerra. Después del ataque japonés de Pearl Harbor en 1941, Estados Unidos se lanzó a la Segunda Guerra Mundial, conduciendo a los aliados a la victoria sobre los poderes de El Eje en 1945. Y aunque fue reelegido en 1944, FDR falleció después de servir unas pocas semanas en su cuarto mandato. Uno de los aspectos más controvertidos del monumento es ver en un cuadro a FDR en una silla de ruedas. El presidente, que sufrió de los paralizantes efectos del polio, hizo escasa mención a su debilitante enfermedad y rehusaba dejarse ver en público en su silla de ruedas. Los partidarios de guardar esa imagen han argumentado que presentar a FDR en una silla de ruedas es un testamento al progreso que hemos logrado como nación entendiendo mejor e incluyendo a aquellos que tienen limitaciones físicas, puesto que FDR temía que ser visto en una silla de ruedas, en público, hubiera comunicado una señal de debilidad.

La fe y el Monumento a FDR

El reciente monumento construido a FDR está notablemente ausente de referencias a nuestro Creador, a pesar de las obvias convicciones que poseía FDR de la importancia que tiene que una nación crea en Dios durante la guerra. No obstante, la fe se menciona en dos áreas.

A la derecha de la primera catarata, podrá leer esta inscripción:

> En estos días de dificultad, nosotros los estadounidenses de todas partes debemos y escogeremos el camino de la justicia social... el camino de la fe, el camino de la esperanza y el camino del amor al prójimo.

Al salir del monolito, la última cita sobre el muro dice así: «Libertad de expresión, libertad de culto, libertad de la escasez, libertad del temor». Esas palabras fueron tomadas del discurso a la nación que Roosevelt pronunciara en 1941 y demuestran el valor que confería a la libertad religiosa de nuestro país. Muchos están más familiarizados con esta cita de FDR por las cuatro pinturas de Norman Rockwell, inspiradas por el discurso de Roosevelt.

La fe de Franklin Roosevelt

Como ha observado el Profesor Gary S. Smith, Franklin Roosevelt frecuentemente hacía «hincapié en la importancia de la renovación espiritual, la fe y la justicia social, e instó a los estadounidenses a trabajar y lograr una vida espiritual más robusta». A muchos les sorprenderá enterarse que después de que los aliados exitosamente tomaron las playas de Normandía, Roosevelt guió al pueblo estadounidense en oración durante un discurso radial transmitido a toda la nación:

> Dios Todopoderoso, nuestros hijos, el orgullo de nuestra nación, en este día nos presentan una portentosa misión, una lucha por preservar nuestra república, nuestra religión y nuestra civilización y por libertar a una humanidad que sufre.

Aprovechó la ocasión para comprometer al pueblo estadounidense a hacer un nuevo compromiso con su fe:

> Muchos me han instado a que convoque a la nación a un día especial de oración; pero debido a que el camino es largo y el deseo grande, le pido a nuestro pueblo que persevere en la oración.

> Al levantarnos cada día y en el transcurso del día, que las palabras de oración estén en nuestros labios invocando Tu ayuda en nuestros esfuerzos.

El discurso radial también demuestra que Roosevelt sabía la forma que nuestra fe nos unía como nación:

> Oh Señor, danos fe. Danos fe en Ti, fe en nuestros hijos, fe unos con otros, fe en nuestras cruzadas unidos. No permitas que el entendimiento de nuestro espíritu jamás pierda claridad. No permitas que los impactos de los eventos temporales, de los problemas temporales que rápidamente pasarán, nos desvíen de nuestro inconquistable propósito. Sea hecha Tu voluntad, Dios Todopoderoso, amén.

Para Roosevelt, su fe era de vital importancia, antes que la guerra. Habiendo sido miembro de la iglesia episcopal, sirvió como consejero principal de la Iglesia St. James en Nueva York durante toda su presidencia. Más allá de eso, como escribiera el profesor Smith, en 1935 inquirió «el consejo y el parecer» sobre el impacto de la política interna de muchos religiosos que invitó a reunirse con él en la Casa Blanca.

La fe de Roosevelt se hizo aun más importante cuando necesitó unir al pueblo estadounidense para defender la civilización occidental del fascismo. Aun antes de Pearl Harbor, reconoció la amenaza que presentaban los nazis y los japoneses a nuestras libertades religiosas.

El 27 de mayo de 1941, Roosevelt habló a la nación en uno de sus muchos discursos radiales, para anunciar un «estado de emergencia nacional indefinido». Describió con precisión al «mundo nazi» como uno que «no reconoce a ningún Dios excepto a Hitler... tan despiadado como los comunistas que niegan la existencia de Dios... donde los patrones morales se miden por la traición y el soborno». Reconoció que eso presentaba un inminente conflicto mundial «entre la esclavitud humana y la libertad humana, entre la brutalidad pagana y el ideal cristiano». Estados Unidos, explicó, se aliará con la «libertad humana, lo cual es el ideal cristiano» y sólo aceptará «un mundo consagrado a la libertad del habla y la expresión, libertad para que cada persona adore a Dios a su propia manera, libertad de la escasez y libertad del terror».

Roosevelt afirmó que tal éxito sólo podría ser obtenido por medio de una fe unificada en Dios y la libertad. Hizo un llamado a los estadounidenses para «reafirmar nuestra fe que está inherente en la vida de nuestra constitución republicana, perpetuo hogar de libertad, tolerancia y devoción a la Palabra de Dios». Roosevelt entonces concluyó citando a los Padres Fundadores, que también enfrentaron oposiciones similares «con una firme confianza en la protección de la divina Providencia».

Roosevelt nuevamente se dirigió a la nación por radio mientras la guerra se hacía inevitable, para hablarles a los estadounidenses acerca de la amenaza que presentaba el nazismo a nuestra democracia y a las libertades religiosas. El 27 de octubre de 1941, describió un documento alemán delineando el plan de Hitler de «abolir todas las religiones existentes» y «confiscar las propiedades de todas las iglesias para el Reich y sus títeres. La cruz y todos los demás símbolos de la religión serían prohibidos... en lugar de la cruz se exhibirían dos símbolos: la svástica y la espada desenvainada». Roosevelt concluyó con una promesa a los nazis diciéndoles: «Estamos listos para defender nuestra nación y la fe de nuestros padres en el poder que Dios nos ha dado para cumplir aquello que vemos como nuestro deber».

Franklin Roosevelt fue un hombre de profunda creencia religiosa y que entendió, de modo tan poderoso como su antecesor Washington, que la religión y la moralidad son columnas indispensables para la conservación de nuestras libertades y de nuestro país.

El Capitolio de Estados Unidos de América

«El fundamento de nuestra sociedad y nuestro gobierno se apoya tanto en las enseñanzas de la Biblia, que sería difícil conservarlo si la fe en esas enseñanzas dejara de ser universal en nuestro país».

Calvin Coolidge

Decimotercer presidente de Estados Unidos de América

CAPÍTULO 7

El Capitolio de Estados Unidos

HASTA AQUÍ, HEMOS VISTO EJEMPLOS DE CÓMO NUESTROS más grandes líderes se fortalecían tanto a sí mismos para guiar a esta nación, por la fe que tenían en nuestro Creador. Es lógico que diseñaran un Capitolio que reflejara esta misma fuente de inspiración.

Una breve historia del edificio del Capitolio de Estados Unidos

Como ninguna otra edificación en Washington, el Capitolio define el horizonte del Distrito de Columbia, el gran domo blanco erguido como la estructura más prominente de la ciudad que sólo es superado en altura por el Monumento a Washington. Así como muchas otras construcciones antiguas en Washington, DC, su historia se forjó entre controversias, interrupciones en su edificación y, por supuesto, maniobras políticas.

Al hombre que había planificado las anchas avenidas diagonales y las pintorescas y frustrantes rotondas, Pierre L'Enfant, originalmente, también se le designó la tarea de diseñar el Capitolio. No obstante, L'Enfant, rehusó presentar sus ideas para el edificio en planos, insistiendo que su diseño sólo se construiría en la forma que él conocía. Su intransigencia le llevó al despido en 1792 y condujo a la comisión a aceptar el diseño del doctor William Thornton. El presidente George Washington puso la piedra angular del Capitolio en 1793, dando inicio a un proceso de construcción largo y dificultoso. El sector norte del Capitolio estuvo listo para el traslado del Congreso en el año 1800.

La construcción del Capitolio no se inició hasta 1803, esta vez bajo los auspicios del arquitecto Benjamín Henry Latrobe. Latrobe cambió gran parte del diseño original de Thornton simplificando el plan de construcción y a la vez agregó espacio para las salas de comité y para oficinas, en el sector sur. Además, Latrobe también reedificó gran parte del sector norte del Capitolio. Al finalizar la década, se avecinaba una guerra con Gran Bretaña y Latrobe no pudo completar la construcción del sector sur. Los dos sectores estaban conectados entre sí sólo por una pasarela de madera al comienzo de la Guerra de 1812. La invasión Británica de Washington en 1814 resultó en la destrucción parcial del Capitolio, ocurrida el 25 agosto, aunque fortuitamente una tormenta de lluvia impidió que el edificio fuera completamente consumido por el fuego.

Latrobe continuó la obra del Capitolio en 1815, aunque después de críticas fuertes y a menudo injustas por los retrasos en la construcción, renunció. El arquitecto de Boston Charles Bulfinch fue designado como reemplazo de Latrobe en 1830. Bulfinch supervisó la terminación de los sectores norte y sur (incluso una cámara para la Corte Suprema). Luego de la salida de Bulfinch en 1830, paulatinamente se hicieron mejoras a la estructura interior, tal como agua corriente. No obstante, los diseñadores originales del Capitolio fallaron en planificar la adhesión de nuevos estados y sus representantes y en 1850 el Capitolio rápidamente se estaba abarrotando de gente.

El presidente Millar Fillmore escogió a Thomas Walter para continuar con la construcción y rehabilitación del Capitolio. La obra por lo general progresaba en término bajo la dirección de Walter y a fines de 1857 los representantes se podrían reunir en sus nuevas cámaras (hoy día Statuary Hall), mientras que la terminación de la obra de la Cámara del Senado estaba a dos años de su culminación. A medida que la nación fue impulsada a los dolorosos espasmos de la Guerra Civil, la construcción del Capitolio se detuvo una vez más. El edificio del Capitolio de la nación, tal como su ciudad natal, fue obligado a sufrir las sangrientas realidades de una nación dividida. El Capitolio fue cuartel para soldados, hospital y panadería improvisados. A pesar de la guerra, la construcción se reanudó en 1862 y las mejoras estéticas del interior continuaron, puesto que Constantino Brumdi terminó el *Apotheosis of Washington* [Elogios a Washington] sobre el pabellón del interior de la Rotonda en 1866.

Ahora que la estructura del edificio estaba casi completa, la modernización del mismo con sistemas de calefacción y enfriamiento se fueron realizando hasta fines del siglo. También se continuó el trabajo sobre el terreno del Capitolio. Otros proyectos principales del Capitolio incluyeron la extensión del frente oriental, además del proyecto de restauración al frente occidental. Los que tuvieron la fortuna de visitar la Casa Blanca antes del 11 de septiembre de 2001 recordarán la vista espectacular de la ciudad desde los escalones del frente occidental. Lamentablemente, debido a las nuevas restricciones de seguridad la población local y los turistas han quedado privados de ese panorama inspirador. En el 2008 se anticipa la terminación de un nuevo centro de visitas.

Imágenes religiosas en el Capitolio

El edificio del Capitolio de Estados Unidos de América está lleno de imágenes religiosas e inscripciones. Al subir las escaleras del Capitolio, recordará que el 12 de septiembre de 2001, doscientos miembros del Congreso se unieron sobre estos escalones para cantar «Dios bendiga a América». Una escena similar ocurrió en junio de 2002, cuando miembros de la Cámara de Representantes se reunieron aquí para recitar el Juramento a la bandera después que la Corte del Noveno Distrito dictaminara inconstitucional decir que nuestra nación está «bajo Dios», lo cual, por supuesto, fue precisamente la manera en que Washington describió a nuestro país en julio de 1776 y Lincoln en Gettysburg en 1863.

Hoy, tanto la Cámara de Representantes como el Senado abren sus sesiones diarias con el Juramento a la bandera. El representante Sonny Montgomery (un demócrata de Mississippi) recitó por primera vez el juramento de lealtad al Juramento a la bandera dentro de la Cámara de Representantes el 13 de septiembre de 1988. El anterior presidente de la Cámara de Representantes Jim Wright decidió hacer del Juramento un ritual diario y en 1995, las reglas de la cámara fueron enmendadas para hacerlo permanente. El Senado jamás ha hecho del Juramento un aspecto permanente, mas lo ha recitado antes de iniciar cada sesión desde el 24 de junio de 1999.

Al entrar en la rotonda, inmediatamente usted será impactado por las imágenes religiosas. Ocho diferentes pinturas históricas están allí exhibidas. Preste atención particular a algunas de ellas. Primero, verá que la pintura *The Landing of Columbus* [El desembarco de Colón] representa su llegada a las costas de América. Colón luego dijo que estaba convencido de zarpar porque «el Señor puso esto en mi pensamiento» y que «el Evangelio debe aún ser predicado en muchas tierras».

Segundo, al sur de la Rotonda, entre las estatuas de Martin Luther King, Jr. y del presidente Dwight Eisenhower, hay una pintura titulada *The Embarkation of the Pilgrims* [El abordaje de los Peregrinos], por Robert W. Weir, de 1843. Esta representa la cubierta de la barca *Speedwell* mientras zarpaba hacia el nuevo mundo desde Delft Haven, Holanda, el 22 de julio de 1620. En la pintura verá que los peregrinos están observando un día de oración y ayuno, conducido por William Brewster, que sostiene la Biblia y John Robertson, un pastor. El arco iris en el lado izquierdo de la pintura simboliza la esperanza y la protección divina.

La tercera pintura, *The Discovery of the Mississippi* [Descubrimiento del Mississippi], puede ser hallada a un lado de *The Embarkation of the Pilgrims*. Ella presenta el encuentro entre el explorador español Hernando de Soto con los indígenas de América. De Soto fue el primer europeo en pisar la tierra que hoy se conoce como Mississippi. A la derecha de la pintura, un monje reza mientras que un crucifijo es plantado en tierra. Además, en la cornisa de la rotonda se presenta el entierro de Hernando de Soto. Esto se deduce por la persignación del sacerdote sobre el cuerpo de De Soto, cubierto con un manto.

Finalmente, la pintura de *The Baptism of Pocahontas* [El bautismo de Pocahontas] demuestra el bautismo de una de las primeras convertidas en la colonia de Virginia. Directamente sobre esta pintura está *The Apotheosis of Washington*, que representa el ascenso de nuestro primer presidente al cielo. Las trece doncellas rodeándolo simbolizan los trece estados originales.

En la planta baja de la rotonda, se puede encontrar una vitrina que contiene una réplica en oro de la Carta Magna. Este fue un obsequio del gobierno británico en 1976. Muchos de los primeros viajantes, que luego formaron las colonias, vinieron con una copia de este documento en mano. Se utilizó luego para justificar las protestas de los colonos contra la Stamp Act [la Ley del Sello] y otras violaciones a sus derechos. De hecho, el sello adoptado por el estado de Massachussets en la víspera de la revolución ostenta un combatiente con una espada en una mano y una carta magna en la otra.

Varias inscripciones alrededor del Capitolio demuestran la dependencia de nuestra nación en Dios y la fe. En el Corredor Cox de la Cámara de Representantes del Capitolio, una estrofa de «America the Beautiful» está grabada en la pared: «¡América! Que Dios derrame Su gracia sobre ti y te corone de bien con hermandad, ¡desde un radiante mar al otro!» Además, en la Cámara de Representantes está la inscripción «En Dios confiamos». En la entrada oriental a la cámara del Senado, están inscritas las palabras *Annuit Coeptis,* tomadas del latín que significa: «Dios ha favorecido nuestras empresas». Las palabras «En Dios confiamos» también están escritas sobre la entrada sur. «¡Lo que ha hecho Dios!», fue el primer mensaje transmitido por telégrafo, está inscrito en la placa de Samuel F.B. Morse hallada fuera de la antigua Cámara de la Corte Suprema en el Capitolio.

En el salón de la Cámara de Representantes, encima de la puerta de la galería central, se exhibe un relieve en bloque de mármol de Moisés, el más grande de los veintitrés reconocidos legisladores (y el único con la cara completa). Se exhiben muchas estatuas de líderes por todo el edificio del Capitolio. La mayoría de esos líderes fueron cristianos y muchos ministros, incluyendo a George Washington, James Garfield, Samuel Adams, el Reverendo Peter Muhlenberg, el Reverendo Roger Williams, el Reverendo Marcus Whitman, Daniel Webster, Lew Wallace, el Reverendo Jason Lee, John Winthrop, el Reverendo Jonathan Trumbull, Roger Sherman y Francis Willard.

La capilla del Capitolio

Desgraciadamente la capilla del Capitolio tiene el acceso restringido a todos, menos a los miembros del Congreso y sus invitados. No obstante, su historia es instructiva. La capilla fue construida después de un despliegue poderoso del papel de Dios en el ámbito de la vida pública estadounidense.

A través de la historia, los presidentes han convocado días nacionales de oración para rendir tributo y acción de gracias. En 1952, el Congreso emitió una resolución conjunta convocando un servicio de oración en los escalones del Capitolio. El servicio fue conducido por el Reverendo Billy Graham. Miles de personas vinieron al servicio en un día de copiosa lluvia en febrero. Después de este despliegue, el Congreso solicitó la construcción de una habitación «con instalaciones para la oración y la meditación, para el uso de los miembros del Senado y la Cámara de Representantes».

En la capilla del Capitolio se encuentra un *vitroux* presentando a George Washington en oración, bajo la inscripción «En Dios confiamos». Asimismo, una oración inscrita en la ventana dice así: «Guárdame, oh Dios, porque en ti he confiado».

Servicios eclesiásticos en el Capitolio

Como he mencionado anteriormente en el capítulo 3 en referencia al Monumento a Thomas Jefferson, el Capitolio de Estados Unidos se utilizó para llevar a cabo servicios eclesiásticos mucho antes que se construyera la capilla en la década de 1950. Durante el tiempo de la construcción del edificio, no había iglesias en el Distrito de Columbia para ministrar a las necesidades de los miembros del Congreso y el presidente. Por lo tanto, tales servicios se hicieron en el Capitolio.

Thomas Jefferson frecuentaba esos servicios durante sus mandatos como vicepresidente y presidente, que a menudo eran conducidos por su amigo el Reverendo John Leland. Irónicamente, Jefferson asistió a uno de esos servicios sólo dos días después que escribiera su famosa respuesta a la Asociación de Bautistas Danbury de Connecticut en el cual se refirió al «muro de separación» entre la iglesia y el estado. El presidente Jefferson claramente entendía que su «muro de separación» permitiría que asistiera a servicios religiosos en el Capitolio de Estados Unidos sin dar la imagen de que el estado estuviera estableciendo una iglesia nacional o imponiendo una creencia religiosa sobre el pueblo.

James Madison, que se considera ampliamente como el autor de la Cláusula Religiosa de la Primera Enmienda, también frecuentaba esos servicios de iglesia en el Capitolio. De hecho, mientras el Congreso debatía el lenguaje de la Primera Enmienda, al mismo tiempo estaban laborando para presentar una ley con el fin de emplear con goce de sueldo a capellanes para la Cámara de Representantes y el Senado. Consiguientemente, Madison no vio ningún conflicto entre celebrar servicios religiosos en lugares públicos y oponerse al establecimiento de una religión oficial.

Somos un pueblo religioso

La Corte Suprema de Estados Unidos de América

*«La nación estadounidense,
desde su primer asentamiento en Jamestown
hasta el presente, está basada e impregnada
con los principios de la Biblia».*

Juez David Joseph Brewer

(1837-1910)
Juez de la Corte Suprema

CAPÍTULO 8

La Corte Suprema

CON EL PASAR DE LOS AÑOS SE HA VISTO UN AUMENTO EN LA hostilidad de las cortes hacia el despliegue público de la religión, la Corte Suprema está llena de ello. De hecho, si usted tiene la oportunidad de presenciar una audiencia, observará que todas las sesiones se inician con el mariscal de la corte proclamando: «Dios salve a Estados Unidos y a esta honorable corte».

La verdad es que a través de la mayor parte de nuestra historia, las decisiones de la Corte Suprema han reconocido el hecho de que somos una nación religiosa. Por ejemplo, en el caso del año 1952 de *Zorach vs. Clauson*, la corte mantuvo un estatuto que permitía a los estudiantes la salida de la escuela para atender clases de religión. El juez William O. Douglas escribió:

> Somos un pueblo religioso y nuestras instituciones presuponen a un Ser supremo... Cuando el estado promueve la instrucción religiosa o coopera con las autoridades religiosas ajustando los horarios de los eventos públicos a necesidades particulares,

sigue la mejor de nuestras tradiciones. No podemos incorporar a la Carta de Derechos una filosofía de hostilidad hacia la religión.

Una breve historia de la Corte Suprema

No fue sino hasta hace poco que la Corte Suprema tuvo su edificio propio. Cuando el gobierno federal se reubicó en el Distrito de Columbia en 1800, el Congreso no había fijado edificio ni espacio para la Corte, por eso compartía una habitación en el Capitolio, cambiándose de una a otra. (Inclusive una vez durante la guerra de 1812 se reunió en una residencia privada.) Finalmente, la Corte se situó en la antigua cámara del Senado desde 1860 hasta 1935 inclusive.

Comparada con otras estructuras y monumentos en el área de Washington, DC, el edificio de la Corte Suprema se construyó notablemente con pocas controversias y demoras. La construcción se inició en 1932 y se completó en 1935; el proyecto costó menos de diez millones de dólares. Fue el juez principal de la Corte Suprema William Howard Taft (que se desempeñó como presidente desde 1909 hasta 1913) quien persuadió al Congreso de autorizar la construcción de un edificio enteramente para el uso de la Corte Suprema. Taft seleccionó a Cass Gilbert para diseñar el inmueble, el cual fue modelado al conocido estilo de Corinto. El estilo de arquitectura grecorromana usado por Gilbert, el cual eligió por representar los principios democráticos, resulta irónico por la amistad que tenía con el líder fascista Benito Mussolini, que le permitió obtener el mármol para la construcción de la Corte. Cass también empleó mármol obtenido en minas de todos los estados, el mármol de Vermont se empleó para el exterior y el de Georgia se utilizó para los atrios interiores; el mármol obtenido de las minas de Alabama se usó para los pisos superiores en los corredores y los pasillos de entrada.

Tanto Gilbert como Taft fallecieron antes que la obra fuera completada en 1935, aunque el hijo de Gilbert, del mismo nombre, finalizó la obra iniciada por su padre. En una forma desconocida en Washington hoy día, el costo del edificio de la Corte Suprema fue menor al asignado para la tarea y se reintegraron cerca de cien mil dólares al tesoro al finalizarlo.

Imágenes religiosas en la Corte Suprema

La imagen religiosa más impresionante en el edificio de la Corte Suprema es la de Moisés con los Diez Mandamientos, afirmando las raíces judeocristianas de nuestro sistema legal y pueden ser halladas en varios lugares: al centro de la escultura sobre el pórtico oriental del edificio de la Corte Suprema, dentro del salón de la propia corte y finalmente, talladas sobre el asiento del juez principal y sobre las puertas de bronce.

También hay una escultura de mármol representando a Mahoma sobre la pared. Mahoma, por supuesto, es el profeta islámico, la segunda religión más grande del mundo. Cuando meditaba dentro de una cueva a las afueras de la Meca, ahora la ciudad más santa del Islam, Mahoma experimentó una visión del arcángel Gabriel. Este le dijo que él había sido escogido como profeta de Dios y le instruyó a recitar públicamente los versos que le habían sido mostrados durante la visión. Estas revelaciones continuaron y Mahoma gradualmente ganó un gran grupo de seguidores. Los versos llegaron a ser conocidos colectivamente como el Corán, los que Mahoma intentó difundir como enseñanzas.

Próximo a la escultura que representa a Mahoma está una de Carlomagno, considerado por los eruditos como el más grande de los reyes de la Edad Media. Durante una época de la historia de Europa conocida por reinos pequeños en guerra que de continuo prevalecían en disputas sectarias, Carlomagno temporalmente resistió esa tendencia, unificando la mayor parte de Europa occidental bajo su gobierno. Se le acredita restaurar temporalmente una Europa occidental en decadencia después de la caída del Imperio Romano, debido a que su gobierno promovió la riqueza literaria, el arte y el estudio académico, que abruptamente se deterioraron. Historiada como el Renacimiento Carolingio, la corte de Carlomagno específicamente promovió tal desarrollo cultural, y el mismo Carlomagno aprendió a leer, un logro atípico para los reyes de ese tiempo. Tras su fallecimiento el imperio se dividió entre sus tres nietos, lo cual dio fin a una breve unificación de Europa occidental.

Aun más importante que el renacimiento cultural y político que el imperio de Carlomagno ayudó a restaurar, su legado fortificó a la Iglesia ante los líderes políticos por varios siglos. Reconocido como la cabeza de la Iglesia, Carlomagno convirtió a los pueblos conquistados al cristianismo, más notablemente a los paganos de Sajonia. Además, estableció firmemente la posición prominente de la Iglesia dentro de los reinos europeos, una movida que consolidaría a la religión como un poder social y político en Europa durante los siglos siguientes.

Sobre la coronación oriental de la Corte Suprema hay varias esculturas impresionantes talladas en el friso del edificio, entre estas está la de Moisés, Solón y Confucio. Cass Gilbert, el arquitecto principal del proyecto, permitió a su escultor, Herman A. McNeil, una considerable discreción para elegir las figuras de su obra. Por lo tanto, McNeil escogió a Moisés, Solón y Confucio porque estos representan a tres grandes civilizaciones orientales, de las cuales la «Ley... se derivó o se heredó naturalmente y normalmente».

Aunque la historia de Moisés es bien conocida a la mayoría de personas que visitan la Corte, pocos están familiarizados con Solón y Confucio. El legislador ateniense, Solón, fue mayormente conocido por instituir el primer juicio con jurado y por su éxito en escribir una constitución para la ciudad griega de Ática, la cual pasó por un período de caos antes de la constitución de Solón. Posteriormente, como uno de los líderes de Atenas, implementó un número de reformas políticas y económicas que evitaron la pérdida de derechos por parte de las clases más bajas, los que rápidamente se estaban erosionando. Además, repeló la mayoría de los brutales castigos criminales establecidos por el legislador ateniense Dracón, cuyo nombre hoy conlleva referencia a la naturaleza de las retribuciones que había establecido como castigo. Por medio de tales acciones, se le acredita a Solón prevenir el advenimiento de una completa oligarquía en Atenas y la restauración de muchos de los derechos de la clase baja.

Confucio fue un gran filósofo y pensador de la China feudal. Su tremenda influencia en la historia china es comparada por algunos con la que tuvo Sócrates en el occidente. Un frustrado burócrata de bajo nivel desilusionado por su incapacidad de cambiar la política del príncipe para quien trabajaba, Confucio renunció a su posición y se marchó por toda la China a predicar sus filosofías políticas y sociales a los muchos gobernantes de su nación. De modo muy similar a la Europa de la Edad Media, durante la vida de Confucio (551-479 a.c.), China era un conjunto de estados pequeños compitiendo por el poder. Confucio estaba convencido de que podría dar fin a ese estado de desorden. Aunque finalmente fracasó, sus enseñanzas continúan influenciando el pensamiento oriental. Haciendo hincapié en la necesidad de que los hombres vivan dentro de los parámetros del cielo, Confucio enseñaba que los líderes deben gobernar a través de su propio ejemplo, con cuidado e interés por los gobernados y deben esforzarse por vivir una vida disciplinada. Además instó al gobierno a que gobernara sobre la base de la moralidad natural del pueblo.

Confucio enfatizó los principios de la autodisciplina y la responsabilidad personal por las acciones propias.

La roca sobre la cual descansa nuestra república

La Biblioteca del Congreso

«La historia más importante
de la Revolución Estadounidense es esta:
Unió en un vínculo indisoluble
los principios del gobierno civil
con los principios del cristianismo».

John Adams

Segundo presidente de Estados Unidos de América

Capítulo 9

La Biblioteca del Congreso

La Biblioteca del Congreso fue originalmente establecida en 1800 como exclusivamente legislativa. No obstante, creció mucho, mucho más.

Hoy con su sitio de Internet, www.loc.gov, la Biblioteca del Congreso con poca modestia describe su misión: «Poner los recursos a disposición y utilidad del Congreso y del pueblo estadounidense y sustentar y preservar una colección universal de conocimiento y creatividad para las generaciones futuras».

Para realizar esa misión monumental, la Biblioteca del Congreso emplea más de 5.000 personas y archiva cerca de 130 millones de artículos catalogados en una longitud aproximada de 850 kilómetros de anaqueles. Esto incluye más de 29 millones de libros y otros materiales impresos; 2,7 millones de grabaciones; 12 millones de fotografías; 4,8 millones de mapas y 58 millones de manuscritos, con 10.000 nuevos artículos que se añaden a la colección diariamente (de más de 22.000 solicitudes diarias).

Simultáneamente, la Biblioteca del Congreso sirve como una extensión legislativa y al servicio de investigación para el Congreso; la agencia de Estados Unidos que registra los derechos de autor; un centro de becas que ofrece materiales de investigación en más de 450 idiomas; una institución pública abierta para aquellos que han pasado la adolescencia; una biblioteca del gobierno para el ramo ejecutivo y las agencias del gabinete; una biblioteca de leyes; el hogar para las poesías de los premiados poetas de la nación; y la entidad que patrocina los programas culturales y las exhibiciones de alcance nacional e internacional.

Todo eso hace a la Biblioteca del Congreso, de lejos, la más grande del mundo.

La mayoría de esos 10.000 nuevos artículos diarios se reciben en razón al proceso realizado por la oficina de los derechos de autor de Estados Unidos. Otros son por compra del Congreso o se reciben como regalos de individuos u otras agencias gubernamentales. El resto se obtienen a través de un programa de intercambio de bibliotecas en el cual se envían los artículos no deseados a otras bibliotecas en Estados Unidos y el exterior, a cambio de artículos que la Biblioteca del Congreso necesita. Los artículos que no se seleccionan son entregados a otras agencias federales o donados a instituciones educativas y a entidades sin fines de lucro.

La Biblioteca del Congreso también resguarda el sistema Thomas. Nombrado por Thomas Jefferson, este sistema es la forma en que cualquier ciudadano puede acceder a Internet y leer cualquier proyecto de ley que esté ante el congreso, con su computadora. El acceso fue concedido al público durante los primeros días del 104°

Congreso en 1995 después que presté juramento para servir como Presidente de la Cámara de Representantes. Proveer al público acceso a la información acerca de las cuestiones del Congreso fue uno de los logros que más me enorgulleció como tal.

Una breve historia de la Biblioteca del Congreso

Los primeros años de la Biblioteca del Congreso fueron tumultuosos. El 24 de agosto de 1814, a sólo catorce años de haber sido fundada, la Biblioteca y su colección de 3.000 volúmenes fue quemada por completo cuando las tropas inglesas incendiaron el edificio del Capitolio, en el cual se había instalado la biblioteca originalmente. No obstante, gracias a Thomas Jefferson, el Congreso rápidamente pudo establecer una nueva, con una colección de volúmenes aun más grande. Jefferson acordó vender su biblioteca personal de 6.487 libros al Congreso por 23.950 dólares para «reiniciar» la biblioteca. Trágicamente, muchos de esos volúmenes se perdieron cuando, en la víspera de la Navidad de 1851, otro incendio destruyó dos terceras partes de la colección.

A pesar de esa pérdida, la compra de la colección de Jefferson encaminó la marcha y el futuro de la Biblioteca del Congreso. Los más de seis mil libros hicieron mucho más que reabastecer los anaqueles de la biblioteca; expandió su colección mayormente con obras legislativas para luego incluir libros sobre arquitectura, artes, ciencia, literatura y geografía. Fue la colección de Jefferson, y por consiguiente sus intereses y gustos eclécticos, la que primero sembró la semilla de la presente misión expansiva de la Biblioteca del Congreso por ofrecer «una colección universal de conocimiento y creatividad».

No es de maravillarse que hagan falta tres edificios en la Colina del Capitolio para contener una biblioteca con una misión tan audaz. Esta al fin se trasladó del Capitolio al nuevo edificio Thomas Jefferson construido en 1897. Se unió con el edificio John Adams en 1938 y el que conmemora a James Madison desde 1981 con el fin de tener el espacio para almacenar la colección masiva de la Biblioteca del Congreso.

En 1924, los dos documentos más preciados de la nación, la Declaración de Independencia y la Constitución, fueron puestos en exhibición permanente en un exhibidor especialmente diseñado dentro del Great Hall [Gran Salón] del edificio Jefferson. La biblioteca transfirió ambos documentos a los Archivos Nacionales en 1952, pero retiene como uno de sus más grandes tesoros el esbozo de la Declaración de Independencia escrito por mano de Jefferson.

El Gran Salón o Great Hall

De los ciento treinta millones de artículos en la colección de la Biblioteca del Congreso, sólo dos de ellos están en exhibición permanente dentro del Gran Salón. El primero es la Biblia Gigante de Mainz, una versión manuscrita e ilustrada de la Biblia considerada la más hermosa de todas las que han sido creadas. El segundo es la Biblia de Gutenberg, el primer libro que fue impreso masivamente, que pronto hizo que los libros impresos a mano como la Biblia Gigante de Mainz fueran obsoletos. La copia que está en la Biblioteca del Congreso fue impresa sobre vitela, o piel de animal, y es una de las tres copias que aún se conservan en perfecto estado.

Estos dos libros fueron producidos a dos años de diferencia uno del otro en la misma pequeña aldea de Mainz, en Alemania. Dos posibles teorías contradictorias acerca de su creación son redundadas extensivamente en el mundo académico. La primera es que por un cambió irónico del destino, la Biblia Gigante de Mainz fue el modelo sobre el cual Johann Gutenberg basó su tipografía. La segunda sostiene que ninguno de los dos creadores de las obras sabía de la existencia del otro. Las grandes obras se reunificaron cuando Lawrence J. Rosenwald donó la Biblia Gigante de Mainz a la Biblioteca del Congreso el 4 de abril de 1952, en el 500° aniversario de haber sido completada.

Johann Gutenberg no fue el primero en inventar la imprenta. Los chinos utilizaban técnicas de impresión con tipografía de madera en siglos anteriores. No obstante, Johann Gutenberg fue el primero en inventar una forma práctica de producir en grandes cantidades piezas de tipografía en metal como también la tinta que pudiera usarse con metal sin dejar manchas. Eso hizo que el invento de Gutenberg fuera mucho más duradero y reproducible que cualquier otra cosa en el mundo.

Es difícil sobreestimar el impacto de la imprenta en el mundo. Hasta que llegó el invento de Johann Gutenberg, todos los libros tenían que transcribirse a mano. Llevaba años reproducir sólo una copia de la Biblia, haciendo que la palabra impresa fuera un lujo accesible únicamente a los muy ricos. Gutenberg podía imprimir cientos de copias de la Biblia en poco más de un año.

Dentro de un lapso de cincuenta años, la imprenta de Gutenberg fue copiada y refinada en ciudades de toda Europa. A principios del siglo dieciséis, la colección entera de conocimientos «clásicos» del occidente había sido impresa y reproducida en masa. Esta producción masiva así como la difusión de conocimientos permitió por primera vez a filósofos y científicos compartir información fácilmente, pavimentando el camino para el Renacimiento y la revolución científica. Fue la principal herramienta que permitió que lo que ahora conocemos como los valores «occidentales» se diseminaran por toda Europa y en su momento al continente norteamericano.

No fue accidente que ese proceso comenzara con la impresión de la Biblia, el fundamento sobre el cual descansan los pilares de nuestra sociedad.

Además de las dos Biblias, el Gran Salón exhibe otras evidencias de los sólidos y fuertes cimientos religiosos de la nación. Los siguientes versículos están inscritos en el techo interior y las paredes del Gran Salón: «La luz en las tinieblas resplandece y las tinieblas no prevalecieron contra ella» (Juan 1.5) y «Sabiduría ante todo; adquiere sabiduría; y sobre todas tus posesiones adquiere inteligencia» (Proverbios 4.7).

El salón principal de lectura

Cualquiera que desee acceder a los libros y periódicos encuadernados de la Biblioteca del Congreso debe comenzar en el salón principal de lectura. Ahí los investigadores comienzan su búsqueda inicial de conocimiento utilizando los recursos electrónicos en el centro de catálogo por computadora y el catálogo principal de tarjetas. En la colección del salón principal de lectura hay aproximadamente 70.000

volúmenes archivados y cientos de libros y periódicos encuadernados que son proporcionados al salón de lectura cada día para investigación.

Hay varias instancias con imágenes religiosas y se pueden hallar versículos de la Escritura en el salón principal de lectura. Entre esas imágenes está incluida una estatua de bronce de Moisés sosteniendo los Diez Mandamientos y una pintura en el techo interior llamada Judea, que representa a una joven mujer judía orando. Además, dos pasajes de la Escritura están inscritos en las paredes. «Qué pide el Señor de ti: solamente hacer justicia y amar misericordia y humillarte ante tu Dios» (Miqueas 6.8) y «Los cielos cuentan la gloria de Dios y el firmamento anuncia la obra de sus manos» (Salmo 19.1).

«La religión y la fundación de la República Estadounidense»

En 1998, la Biblioteca del Congreso llevó a cabo una exposición llamada *Religion and the Founding of the American Republic* [La religión y la fundación de la República Estadounidense]. La exposición exploró el papel de la religión en las colonias desde Jamestown hasta la era de la guerra posrevolucionaria en la que muchas de nuestras instituciones gubernamentales y sociales fueron formadas. Aunque la exhibición finalizó, esta exposición continúa hoy influenciando el pensamiento acerca del papel de la religión en la fundación de nuestra gran nación.

La exposición exhibió más de doscientos artefactos de la fundación de la República Estadounidense. Esta incluía manuscritos, libros, correspondencia y pinturas tanto de la colección de la biblioteca como también aquellas prestadas por otras instituciones. La exposición se dividió en siete secciones enfocando las siguientes cuestiones:

Estados Unidos como refugio para los que buscaban libertad de la persecución religiosa en Europa y cómo sus creencias forjaron el fundamento de nuestra sociedad;

- El Gran Avivamiento desde 1740 a 1745 y cómo este nos condujo a la independencia;
- El papel de la religión en las vidas de los grandes líderes revolucionarios de nuestra nación;
- La forma en que la religión influyó a los que formaron la estructura de nuestro gobierno;
- Las políticas de nuestros primeros líderes del gobierno federal hacia la religión;
- Las políticas de nuestros primeros líderes de los gobiernos estatales hacia la religión;
- La «Era de Oro» del movimiento evangélico en Estados Unidos hasta 1830.

Esas exhibiciones mostraron con plena convicción que la religión y la moralidad fueron, en palabras de Alexis de Tocqueville, «indispensables para el mantenimiento de las instituciones republicanas».

Espero que aquellos que hayan visitado las exhibiciones se hagan la siguiente pregunta: «Los apoyos religiosos y morales, que describió George Washington para el bienestar de nuestra nación, ¿perdieron su importancia? ¿O ponemos en peligro a la República al prohibir la expresión de tales apoyos en el ámbito público?

En Dios confío

El Edificio Ronald Reagan

*«La fe y la religión desempeñan un papel crítico
en la vida política de nuestra nación,
siempre ha sido así y la Iglesia,
y con esto me refiero a todas las iglesias y denominaciones,
ha tenido una fuerte influencia en el estado».*

Ronald Reagan

Cuadragésimo presidente de Estados Unidos de América

Capítulo 10

El Edificio Ronald Reagan

Ronald Reagan hablaba en forma elocuente y frecuente acerca de su fe en Dios y como lo inspiró a él y a la nación. En 1984, escribió *In God I Trust* [En Dios confío], una memoria de su vida y fe. El 8 de marzo de 1983, dijo lo siguiente en su discurso a una convención evangélica:

> Les digo que hay muchos grandes hombres y mujeres nobles en la vida pública que temen a Dios con dedicación, incluyendo a los presentes. Y, sí, necesitamos la ayuda de ustedes para mantenernos siempre conscientes de las ideas y los principios que en primer lugar nos trajeron al ámbito público. La base para estos ideales y principios es el compromiso con la libertad conjunta e individual que, en sí misma, está enraizada en el profundo entendimiento de que la libertad sólo prospera cuando las bendiciones de Dios se buscan con avidez y se aceptan con humildad. El experimento democrático estadounidense descansa sobre esta perspectiva.

Una breve historia del Edificio Ronald Reagan

El Edificio Ronald Reagan y Centro Internacional de Intercambio tiene la distinción de ser la primera obra federal diseñada para ser utilizada tanto por el gobierno como por el sector privado. La parcela sobre la cual se construyó fue comprada por el gobierno federal en la década de 1920, pero permaneció sin uso durante la Gran Depresión por escasez de fondos. La única excepción fue una fuente en memoria a Oscar S. Straus. Straus fue diplomático y Secretario de Comercio y Trabajo desde 1906 hasta 1909 (Comercio y Trabajo fueron divididos en dos departamentos en 1913).

La Fuente Straus aún puede ser vista hoy, junto con otras estatuas y obras de arte que circundan el exterior de la construcción. El Edificio Ronald Reagan y Centro Internacional de Intercambio fue diseñado por la firma Pei, Cobb, Fred and Partners. Inaugurado en 1998, ocupa más de siete acres y acoge casi siete mil empleados federales, aparte de organizaciones del sector privado, las entidades sin fines de lucro y organizaciones de intercambio internacional. También fue sede de la cumbre del quincuagésimo aniversario de la Organización del Tratado del Atlántico Norte (OTAN) en abril de 1999.

El Edificio Ronald Reagan y Centro Internacional de Intercambio también aloja al Centro de Información para las Visitas a Washington, DC, un punto útil donde se puede hallar más información sobre las atracciones de la capital de nuestra nación.

Afuera de la entrada principal al edificio hay una estatua llamada «Libertad de Culto». La figura se muestra inclinándose sobre los Diez Mandamientos, lo cual es otra alusión a la cercanía de la religión con la libertad. La inscripción en la estatua dice así: «Nuestra libertad de culto no es una concesión ni tampoco un privilegio, sino un derecho inherente».

La fe de Ronald Reagan

Es muy apropiado que la estatua de «La Libertad de Culto» esté afuera del edificio federal en memoria de Ronald Reagan. El presidente Reagan vio la libertad religiosa como un fundamento irremplazable de nuestras libertades democráticas. Este tema puede verse en muchos de los discursos de su presidencia.

Durante un discurso en el bicentenario de la Universidad de Georgetown, Reagan elogió el lema de la celebración: Aprendizaje, fe y libertad. «El uno refuerza a los otros, cada uno hace a los otros posible. ¿Qué son el uno sin el otro?» Luego invitó a la audiencia a orar para que toda América sea guiada al aprendizaje, la fe y la libertad. «De Tocqueville lo dijo en 1835 y es tan cierto hoy como entonces: "El despotismo podrá gobernar sin fe, pero la libertad no puede. Se necesita más de la religión en sociedades democráticas que en ninguna otra"».

Siendo presidente, Reagan frecuentemente invocaba las palabras de George Washington, que dijo que la religión y la moralidad eran «apoyos indispensables» para la prosperidad de nuestro sistema político. Durante un discurso radial en diciembre de 1983, describió una de sus pinturas favoritas, que presenta a George Washington orando en Valley Forge. Dijo que la pintura «personificaba un pueblo que conocía que depender de su propia valentía y bondad no era suficiente; también deben invocar la ayuda de Dios, su Padre y su Guardador».

Durante un desayuno ecuménico en agosto de 1984 en Dallas, Texas, Reagan dijo:

> Yo creo que la fe y la religión desempeñan un papel crítico en la vida política de nuestra nación, siempre ha sido así, y que la Iglesia, y con esto me refiero a todas las iglesias y denominaciones, ha tenido una fuerte influencia en el estado.
>
> Y esta ha obrado a nuestro beneficio como nación. Aquellos que crearon nuestra nación, los padres y las madres fundadoras, comprendían que hay un orden divino que trasciende el orden humano. Ellos vieron al estado, de hecho, como una forma de orden moral y sintieron que la piedra angular del orden moral es la religión...
>
> Sin Dios, la democracia no durará ni puede durar por mucho tiempo. Si alguna vez nos llegáramos a olvidar de que somos una nación bajo Dios, seremos una nación derribada.

Uno de los discursos más memorables de Reagan fue pronunciado ante la Asociación Nacional de Evangélicos en marzo de 1983. En esa famosa disertación, describió a la Unión Soviética como un «imperio malvado» y prometió que «un día, con la ayuda de Dios» los arsenales nucleares del mundo serían totalmente eliminados.

En ese mismo discurso, Reagan atacó los «intentos gubernamentales por diluir los valores tradicionales y aun de abrogar los términos originales de la democracia americana. La libertad prospera cuando la religión es vibrante y el gobierno reconoce que está bajo Dios».

Seguidamente concluyó su discurso con una Escritura: «Él da esfuerzo al cansado y multiplica las fuerzas al que no tiene ningunas... Pero los que esperan en el Señor tendrán nuevas fuerzas; levantarán alas como las águilas; correrán y no se cansarán; caminarán y no se fatigarán» (Isaías 40.31).

El divino Autor de toda buena dádiva

La Casa Blanca

«Al mismo Autor divino de toda buena dádiva y don perfecto (Santiago 1.17) somos deudores por todos los privilegios y ventajas, tanto religiosos como civiles, que se disfrutan tan ricamente en esta tierra favorecida».

James Madison

CUARTO PRESIDENTE DE ESTADOS UNIDOS DE AMÉRICA
Y ARQUITECTO PRINCIPAL DE LA CONSTITUCIÓN

PD-user

Capítulo 11

La Casa Blanca

La Casa Blanca es por excelencia el símbolo de la presidencia estadounidense. Cumple dos importantes papeles: siendo el primero, la residencia privada del presidente y la primera familia; y segundo, la oficina ejecutiva del presidente y el gabinete ejecutivo. Tal como lo explicó el presidente Clinton en el ducentésimo aniversario:

> Por dos siglos, los estadounidenses han mirado la Casa Blanca como el símbolo de liderazgo en tiempos de crisis, de tranquilidad en tiempos de incertidumbre, de continuidad en tiempos de cambio, de celebración en tiempos de gozo. Estas paredes contienen la historia de Estados Unidos. Fue aquí, en la Casa Blanca, que el presidente Jefferson desenrolló los mapas de un generoso continente para planificar la expedición de Lewis y Clark. Fue aquí donde el presidente Lincoln firmó la proclamación de la emancipación liberando a los esclavos, de los cuales algunos de sus antecesores habían trabajado extrayendo las propias piedras con las cuales fue construida la Casa Blanca. Aquí, el presidente Roosevelt llevaba a cabo sus transmisiones radiales

conocidas como «Fireside Chats» para sacar adelante a su nación de la Depresión y luego guiar a nuestros aliados a través de la guerra.

Una breve historia de la Casa Blanca

En 1790 George Washington firmó un acta del Congreso declarando que el gobierno de Estados Unidos tomaría residencia en un nuevo distrito que había sido creado, a las laderas del Río Potomac. En 1791, con la ayuda del planificador de la ciudad, Pierre L'Enfant, Washington escogió el lugar para su casa, domiciliada en 1600 Pennsylvania Avenue. Originalmente L'Enfant fue elegido para diseñar el edificio, pero debido a su insubordinación fue despedido por el presidente Washington.

En 1792 se llevó a cabo una licitación para determinar el nuevo arquitecto de la «Casa Presidencial», la cual incluyó un anteproyecto que fue presentado por Thomas Jefferson usando un pseudónimo. No obstante, la licitación fue ganada por un arquitecto nacido en Irlanda llamado James Hobson, que había inmigrado a Estados Unidos en 1785. Inicialmente L'Enfant había proyectado un «palacio» cinco veces más grande que la casa que se construyó, pero la falta de mano de obra y la escasez de materiales dictaminaban un diseño significativamente más modesto. Se cree que Hobson obtuvo su inspiración de un municipio angloirlandés en Dublín conocido como la Casa Leinster, que hoy acoge al Parlamento Nacional de Irlanda.

La primera piedra angular de la Casa Blanca fue puesta en octubre de 1792, pero el presidente Washington nunca tuvo oportunidad de vivir en ella, a pesar de que supervisó gran parte de su construcción. El 1 de noviembre de 1800, el presidente John Adams y su esposa, la primera dama Abigail Adams, fueron los primeros ocupantes oficiales.

La Casa Blanca ha pasado por muchas modificaciones estructurales y renovaciones a través de la historia. El presidente Thomas Jefferson hizo varios cambios al ser el segundo ocupante, con la ayuda del arquitecto Benjamín Henry Latrobe. En 1814, los británicos invadieron la indefensa ciudad de Washington, DC., obligando al presidente James Madison a huir de la ciudad. Los británicos luego incendiaron la Casa Blanca, destruyendo casi todo el edificio excepto las paredes exteriores. Como resultado, Hobson fue nuevamente llamado a Washington para restaurar la edificación a su estado previo. Mucha de la ornamentación tallada fue utilizada en el proceso, a pesar de las marcas dejadas por el incendio. En 1824, Hobson completó el pórtico sur. Seis años más tarde, el presidente Andrew Jackson supervisó la construcción del pórtico norte.

A través del siglo diecinueve la Casa Blanca fue modificada por los presidentes sucesivos para incorporar los nuevos avances tecnológicos. El agua corriente fue introducida por Andrew Jackson en 1833. En 1848, James Polk reemplazó la luz de vela por luz a gas. En 1879, se conectó el primer teléfono en la Casa Blanca para Rutherford B. Hayes. Y en 1891, el presidente Benjamín Harrison y su esposa instalaron el cableado eléctrico.

Bajo el presidente Theodore Roosevelt, la residencia presidencial fue oficialmente llamada la Casa Blanca por orden ejecutiva. También remodeló el edificio por completo, duplicando el espacio del estar familiar y agregando una nueva área al edificio (el «Ala Occidental», aunque este término no se emplearía comúnmente hasta la década de 1930) para el presidente y su personal. En 1909, el presidente Taft, con la ayuda del arquitecto Nathan C. Wyeth, amplió el Ala Occidental, añadiendo la primera Oficina Oval.

La última renovación grande de la Casa Blanca se hizo bajo la presidencia de Harry Truman al descubrirse en 1948, después de la construcción del balcón sobre el pórtico sur que lleva su nombre, que el edificio entero estaba en peligro de derrumbarse. El ladrillo utilizado por Hobson para sostener la piedra de la fachada estaba resistiendo al límite. Truman se vio obligado a mudarse enfrente, a Pennsylvania Avenue, a la Casa Blair, hasta 1952 mientras se desmontaba y reconstruía el interior de la Casa Blanca.

Observancias religiosas en la Casa Blanca

La Casa Blanca es quizá el lugar más reconocido de Washington, DC, pero también es la sede de muchos eventos religiosos por temporada.

Al acercase a la Casa Blanca en Pennsylvania Avenue, sólo observe adelante a la izquierda. Frente a ella y adyacente al National Mall está el Ellipse, el lugar del Árbol Nacional de Navidad y la Menora Nacional de Hanukkah. A pesar de un número de desafíos legales, el desfile de la paz se celebra cada año sobre el Ellipse. Además del Árbol Nacional de Navidad y la Menora Nacional de Hanukkah, se presentan árboles de Navidad de cada uno de los estados y una escena navideña así como espectáculos musicales nocturnos.

La tradición de poner un árbol de Navidad decorado en la Casa Blanca se inició en 1889. Aunque comenzó como un motivo de reunión para la familia y los amigos del presidente Harrison, la iluminación del Árbol de Navidad de la Casa Blanca se ha convertido en una tradición nacional. En 1929, la primera dama Lou Henry Hoover inició la intacta tradición de las primeras damas de decorar el árbol de Navidad «oficial» de la Casa Blanca. En 1961 la primera dama Jacqueline Kennedy comenzó con la tradición de seleccionar un tema para las decoraciones, siendo su selección el estilo del ballet el *Cascanueces* de Peter Tchaikovsky.

Recientemente, la primera dama Laura Bush seleccionó temas como: «En casa para las fiestas» y «Toda criatura grande y pequeña» para adornar el árbol.

También, desde 1878 los presidentes estadounidenses y sus familias han celebrado el lunes de Pascua ofreciendo una fiesta llamada «egg roll» [fiesta de los huevos de Pascua] en los jardines de la Casa Blanca, uno de los más antiguos eventos en la historia de la residencia. El lugar original de esa tradición era los jardines del Capitolio hasta que el Congreso aprobó una ley prohibiéndolo. En respuesta, el presidente Rutherford B. Hayes oficialmente dio apertura a los jardines del sur de la Casa Blanca a los niños y sus familias para que continuaran con la tradición. Sucesivamente, los presidentes han guardado esa costumbre, sólo cancelándose por razones de clima y dos guerras mundiales.

A través de los años, la Casa Blanca también ha sido el sitio para reuniones de oración y otras de índole religiosa. Después de la Guerra Civil, la primera dama Lucy Hayes y el presidente Rutherford B.

Hayes acogieron una reunión de oración y cantos de himnos para los miembros del gabinete, el congreso y sus familias. Además renovaron sus votos matrimoniales ante un ministro metodista en la mansión ejecutiva en su vigésimo quinto aniversario. El presidente William McKinley también celebraba reuniones en el Blue Room [Salón Azul] de la mansión ejecutiva los domingos por la noche en las que él y el clérigo de visita dirigían al grupo cantando himnos.

Si usted tiene la oportunidad de hacer la gira de la Casa Blanca, asegúrese de visitar el State Dining Room [Comedor El Estado]. El manto sobre la chimenea contiene una inscripción de una oración hecha por el presidente John Adams:

> Le pido al cielo que envíe lo mejor de las bendiciones sobre esta casa y a todos quienes la habiten de hoy en adelante. Que nadie sino hombres honestos y sabios gobiernen bajo este techo.

Adams escribió esas palabras a su esposa Abigail después de mudarse por primera vez a la residencia en noviembre de 1800. El presidente Franklin Roosevelt subsecuentemente descubrió las palabras de Adams en los últimos años de la Segunda Guerra Mundial y las hizo tallar en la piedra de la chimenea debajo del cuadro de Abraham Lincoln.

En 1953, el presidente Dwight David Eisenhower celebró el primer Desayuno Nacional de Oración con el deseo de encontrarse con los grupos de oración de la Cámara y del Senado para unir a los líderes de la nación en el vínculo común de la fe. A través de los años, la tradición anual ha crecido e incluido, por invitación personal, amigos de los cincuenta estados y de más de cien países alrededor del mundo.

La Iglesia Presbiteriana de New York Avenue

La Iglesia Presbiteriana de New York Avenue está ubicada a sólo dos cuadras de la Casa Blanca. Es el único templo de adoración que se incluye en la gira (recuerden que el Capitolio fue utilizado para servicios de iglesia) y se ha incluido porque su historia incluye dos momentos decisivos para la comprensión de la libertad humana en nuestra nación.

La iglesia fue fundada por albañiles escoceses en 1793 durante la construcción de la Casa Blanca. El edificio de la iglesia actual fue terminado en 1951 y la piedra angular fue puesta por el presidente Truman. La piedra tiene inscrita la frase: «Para la gloria de Dios, piedra puesta por el presidente Harry S. Truman, 3 de abril de 1951». Una placa en el exterior de la iglesia describe los diecinueve hermosos vidrios *vitroux* dentro del santuario. Esa placa declara que representan «el mover de la providencia de Dios y varios aspectos de la vida de nuestra nación y de la iglesia».

Desde su fundación en 1793, diecisiete presidentes han asistido a servicios en ella, entre ellos Abraham Lincoln. Un primitivo esbozo de lo que se convertiría en la Proclamación de Emancipación también se exhibe allí. De hecho, la banca original donde se sentaba el gran emancipador ha sido conservada y está expuesta en el santuario. Por lo tanto fue oportuno que un discurso dicho en esa iglesia el día de Lincoln fuese lo que condujo a la adición de la frase «bajo Dios» en el Juramento a la bandera.

El 7 de febrero de 1954, con la presencia del presidente Dwight Eisenhower, el ministro de la iglesia, reverendo George M. Docherty, predicó un sermón que instó a que se reconociera a Dios en el Juramento a la bandera. En su sermón dijo que al Juramento le faltaba «la característica y factor definitivo en la forma de vida estadounidense».

Después del servicio, Docherty le preguntó al presidente Eisenhower sus opiniones en cuanto al sermón. El presidente le respondió: «Concuerdo enteramente».

El día siguiente, de inmediato, se introdujo la legislación al Congreso. Cuatro meses más tarde el Día de la Bandera, el presidente Eisenhower firmó oficialmente el documento que añadía «bajo Dios» al Juramento a la bandera.

Fe en un Dios providente

Monumento a la Segunda Guerra Mundial

«El verdadero fuego dentro de los constructores de Estados Unidos fue la fe, la fe en un Dios providente cuya mano sostuvo y los guió: fe en sí mismos como hijos de Dios… fe en su país y sus principios que proclamaban el derecho del hombre a la libertad y la justicia».

Dwight D. Eisenhower

TRIGÉSIMO CUARTO PRESIDENTE DE ESTADOS UNIDOS DE AMÉRICA

PD-user

Capítulo 12

Monumento a la Segunda Guerra Mundial

Con su arquitectura despejada y un refrescante estanque con su fuente en el medio, el Monumento a la Segunda Guerra Mundial es una de las atracciones más populares en Washington, DC, durante la temporada turística del verano. Cincuenta y seis pilares y dos arcos de cuarenta y tres pies rodean la plaza principal del monumento. Cada pilar está inscrito con el nombre de uno de los cuarenta y ocho estados que entonces formaban la Unión, o de los territorios o repúblicas que sacrificaron sangre o tesoro en el campo de batalla. El Muro de la Libertad sobre el lado oeste del monumento está blasonado con 4.048 estrellas de oro, aproximadamente una por cada cien muertes que sufrió Estados Unidos en la guerra.

Dos temas impregnan el diseño y el mensaje detrás del Monumento a la Segunda Guerra Mundial: sacrificio y unidad. Es el primer monolito nacional que conmemora tanto a los dieciséis millones de estadounidenses que sirvieron en las fuerzas armadas durante la Segunda Guerra Mundial (incluyendo más de 400.000

que murieron) como a los millones que desde sus hogares se sacrificaron por apoyar la guerra. El monumento es un testamento al poder de un pueblo libre que, cuando enfrentó la amenaza hecha a su país y el mundo, se unieron para derrotar a la tiranía.

Habiéndose inaugurado en el décimo sexto aniversario del ataque a Normandía, el Monumento a la Segunda Guerra Mundial es el más reciente en Washington, DC, y sin asombro es el más secular.

No obstante, Eisenhower comprendía que los derechos y las libertades de nuestra nación se basan sobre nuestra firme fe en Dios. Después que la guerra finalizó dijo lo siguiente:

> El verdadero fuego dentro de los constructores de Estados Unidos fue la fe, la fe en un Dios providente cuya mano los sostuvo y los guió: fe en sí mismos como hijos de Dios... fe en su patria y sus principios, que proclamaban el derecho del hombre a la libertad y la justicia.

Por lo tanto, no es de sorprenderse que Eisenhower y otros líderes estadounidenses a menudo consideraran esa guerra como una cruzada contra el mal. Así como Eisenhower dijo a los soldados que estaban por invadir las playas de Normandía el Día D:

> Ustedes están por embarcarse en la gran cruzada, para la cual hemos estado preparándonos por muchos meses. Los ojos del mundo están sobre ustedes. Las esperanzas y las oraciones de todos los pueblos que aman la libertad marchan junto a ustedes.

Este mismo pasaje puede ser hallado sobre el lado del monumento que da hacia el Atlántico.

Durante la Segunda Guerra Mundial, el gobierno imprimió diecisiete millones de Biblias para los soldados con un mensaje en su interior escrito por los generales Eisenhower y George Marshall. Además, muchos de los carteles impresos por el gobierno sobre la Segunda Guerra Mundial contienen imágenes religiosas. «This Is The Enemy» [Este es el enemigo] ganó un premio gráfico en 1943 y muestra un brazo con una insignia nazi traspasando la Santa Biblia con una daga. Otro cartel muestra un avión alemán y soldados nazis atacando un crucifijo. Cuando Eisenhower finalizó su discurso a las tropas del Día D, concluyó:

> ¡Buena suerte! Y todos roguemos por la bendición del Dios Todopoderoso sobre esta gran y noble empresa.

Una breve historia del Monumento a la Segunda Guerra Mundial

La representante del estado de Ohio, Marcy Kaptur, fue la primera en presentar un proyecto de ley que autorizaba la construcción de un monumento honrando a los veteranos de la Segunda Guerra Mundial el 10 de diciembre de 1987. No obstante, tuvo que presentar el documento tres veces más antes que se convirtiera en ley. El 25 de mayo de 1993, el presidente Clinton firmó la Ley Pública 103-32, autorizando a la Comisión de Monumentos de Batallas Estadounidenses a elegir un lugar en «Washington, DC, o sus alrededores» para el Monumento a la Segunda Guerra Mundial. El Congreso y el presidente dieron mayores especificaciones sobre el lugar para el monolito en octubre de 1994 con la resolución conjunta 227, que ordenaba su ubicación sobre el National Mall cerca de los otros monumentos y memoriales. Finalmente, el 5 de octubre de 1995, la comisión (con representantes del Servicio Nacional de Parques, la Comisión de Bellas Artes, la Comisión Nacional de Planeamiento de la Capital y la reciente formada Junta de Asesoría para Monumentos) anunciaron la ubicación permanente del monolito. Escogieron el lugar conocido como Rainbow Pool [charco de arco iris], ubicado sobre Seventeenth Street [calle 17] en el extremo oriental del famoso Reflecting Pool [charco reflectora] que se ubica entre los Monumentos de Lincoln y Washington.

Una vez seleccionado el lugar, llegó el momento del diseño. Se abrió una licitación nacional y en el verano de 1998 la Comisión de Bellas Artes y la Comisión Nacional de Planificación de la Capital seleccionaron un diseño inicial presentado por Friedrich St. Florian. El proyecto, incluyendo el tipo de granito y mármol a utilizar, fue aprobado tres años más tarde y la construcción finalmente se inició en septiembre de 2001.

La campaña de recaudación de fondos fue dirigida por el ex senador y veterano de la Segunda Guerra Mundial, Bob Dole, junto con el presidente y ejecutivo de la corporación FedEx y veterano del cuerpo marino, Frederick W. Smith. Sus esfuerzos ayudaron a recaudar más de 180 millones de dólares en donaciones privadas. Además, el gobierno federal aportó otros 16 millones.

El Monumento a la Segunda Guerra Mundial fue dedicado oficialmente el día 31 de mayo de 2004, Memorial Day, el Día de los caídos. En su proclamación por un día de oración y permanente paz, el presidente George W. Bush dijo estas palabras en nombre de una nación agradecida:

> Hoy, todos aquellos que visten el uniforme de Estados Unidos están sirviendo en una hora decisiva de la historia y cada uno ha respondido al gran llamado de servir a nuestra nación en el frente de batalla por la libertad. Mientras continuamos batallando contra el terrorismo y promoviendo la paz y la libertad, oremos por la seguridad y la fortaleza de nuestras tropas, por la bendición de Dios sobre ellos y sus familias y por aquellos que han perdido a sus seres amados.

La obra de Dios verdaderamente debe ser nuestra obra

El Cementerio Nacional de Arlington

«Los derechos del hombre no provienen
de la generosidad del estado
sino de la mano de Dios».

John F. Kennedy

TRIGÉSIMO QUINTO PRESIDENTE DE ESTADOS UNIDOS DE AMÉRICA

Foto: Arlington Convention & Visitors Service

Capítulo 13

Cementerio Nacional de Arlington

El Cementerio Nacional de Arlington presenta una vista impresionante de naturaleza, arquitectura y el legado religioso de nuestro país. Literalmente hay centenares tras centenares de memoriales y sepulcros decorados con imágenes religiosas.

Si tiene la oportunidad de contemplar el panorama impresionante e inspirador del Cementerio Nacional de Arlington, tómese el tiempo para reflexionar en la valentía de aquellos que perdieron sus vidas sirviendo a nuestra nación.

Una breve historia del Cementerio Nacional de Arlington

Ubicado del otro lado del Río Potomac en Arlington, Virginia, el Cementerio Nacional de Arlington es el lugar final donde descansan los restos de más de 250.000 veteranos estadounidenses y sus familias. Estos apacibles 620 acres, de pastos verdes y elegantes lápidas, pertenecientes al ejército de Estados Unidos, asombrarían a cualquiera que hubiera visto el humilde comienzo del cementerio.

Durante la Guerra Civil, ese lugar fue un campo descuidado con tumbas dilapidadas que en su mayoría representaban a soldados no identificados. Thomas L. Sherlock, el historiador del cementerio dijo lo siguiente:

> Uno no hubiera querido tener un ser amado sepultado allí... No poseía la estima ni el prestigio que tiene hoy. Enterrábamos dos tipos de personas: soldados desconocidos o soldados cuyas familias no tenían dinero para regresarlos a Pennsylvania, Carolina del Norte o a Ohio.

En aquel tiempo, la parcela, incluyendo la mayor parte del condado de Arlington, fue custodiada por el general confederado Robert E. Lee. Este llegó a ser guardián de la tierra por medio de su esposa, Mary Custis. El padre de Mary fue hijo adoptivo de otro virginiano célebre, George Washington.

Después de rechazar la oferta de dirigir el ejército de la Unión, Robert E. Lee y su familia se mudaron de su propiedad el 22 de abril de 1861. Las fuerzas de la Unión rápidamente se ubicaron allí y el gobierno federal oficialmente confiscó la tierra en 1862 después que Mary falló en presentarse personalmente para pagar 92,07 dólares en impuestos (aunque ella había intentado pagar a través de un intermediario).

La familia Lee pretendió reclamar la tierra veintidós años más tarde ganando una decisión en la Corte Suprema que comprobaba que el gobierno había confiscado la propiedad incorrectamente. No obstante, en lugar de obligar al gobierno a trasladar a todos los soldados sepultados, el hijo del General Lee aceptó un pago de 150.000 dólares del gobierno por la propiedad.

El secretario de guerra Edwin M. Stanton destinó doscientos acres de la tierra para uso como cementerio militar el 15 de junio de 1864 y el soldado William Christman del 67° Cuerpo de Infantería fue el primer soldado sepultado en Arlington, seguido por miles más de la Unión durante la guerra. No obstante, algunas tropas confederadas muertas durante la guerra hallaron sepultura en Arlington. La mayoría de las aproximadamente quinientas tropas confederadas que están sepultadas en el cementerio murieron después de la guerra.

La Tumba de los Desconocidos

Uno de los sitios más populares en el cementerio es la Tumba de los Desconocidos (también conocida como la Tumba al Soldado Desconocido), ubicada sobre la cima del monte desde donde se ve Washington, DC. La tumba contiene los restos de soldados estadounidenses sin identificar. El sarcófago de mármol blanco está asentado sobre los restos de la sepultura de los desconocidos de la Primera Guerra Mundial. Las sepulturas de los desconocidos de la Segunda Guerra Mundial, de Corea y Vietnam descansan al oeste, marcadas por losas de mármol blanco al ras de la plaza.

En 1998, pruebas de DNA mostraron que el cuerpo del soldado desconocido de Vietnam eran las del primer teniente Michael Joseph Blassic. Cuando sus restos fueron trasladados se decidió que la cripta apartada para los soldados desconocidos de Vietnam permaneciera desocupada.

La inscripción en la tumba de los desconocidos dice: «Aquí descansa en gloria y honra un soldado estadounidense sólo conocido por Dios».

El Monumento a las Mujeres en el Servicio Militar de Estados Unidos

Este monumento se encuentra en la entrada al Cementerio Nacional de Arlington. Finalizado en 1997, es el único memorial principal de la nación que honra a las mujeres que sirvieron en todas las ramas de la milicia.

En 2006, fue sede de una exhibición que celebraba el vigésimo quinto aniversario de las mujeres en el cuerpo de capellanes titulado: «Wearing the Cross and the Tablets». La siguiente cita de Charlotte Hunter, teniente capellán de la marina de Estados Unidos que sirvió en *Desert Storm* [tormenta del desierto], se mostró en la exhibición:

> El ministerio de todos los capellanes fue exitoso porque compartíamos la experiencia de las personas a quienes servíamos. Soportamos las mismas dificultades, la misma soledad y el anhelo de regresar a casa, los mismos temores de la guerra.

El éxito de Estados Unidos también se debe a una experiencia compartida: nuestra fe en Dios como fuente de nuestros derechos y bendiciones.

Memorial y tumba del presidente John F. Kennedy

Uno de los sepulcros más famosos en el Cementerio Nacional de Arlington, señalado con una llama eterna, es el memorial y tumba del presidente John F. Kennedy. Grabado sobre la tumba está su famoso discurso inaugural de 1961, en el cual declaró: «No preguntes lo que tu país puede hacer por ti, sino qué puedes hacer por tu país».

El discurso inaugural de Kennedy concluyó:

> Con una buena conciencia como única recompensa segura, considerando que la historia será el juez final de nuestros hechos, avancemos para guiar a la nación que amamos, pidiendo Su bendición y Su ayuda sabiendo que aquí en la tierra, la obra de Dios verdaderamente debe ser nuestra obra.

CONCLUSIÓN

Laus Deo

ES CONMOVEDOR VER LOS RAYOS SOLARES QUE ILUMINAN LA capital de nuestra nación; cada mañana caen primero sobre el lado oriental de su edificio más alto, el monumento —de 170 metros de altura— al padre de nuestra nación. Y allí sobre su cima, inscritas sobre el lado oriental del capitel de aluminio de cuatro lados están las palabras en latín *Laus Deo* [Alabado sea Dios].

Esas simples palabras, puestas donde están, sólo son para los ojos que miran del cielo, y son un cabal reflejo de la profunda convicción de George Washington de que la seguridad y la continuidad de las libertades se deben a la divina bendición, por la cual todos los estadounidenses deberían dar gracias humildemente.

Este libro, *Descubra la fe de una nación,* está escrito desde una perspectiva histórica. Su propósito no es teológico, ni un esfuerzo de hacer proselitismo a favor de ningún punto de vista religioso. Todos los ciudadanos de este país, aquellos que creen en Dios y los que no comparten esa creencia, tienen los mismos derechos y deberes bajo nuestra Constitución y ambos merecen el mismo respeto de sus conciudadanos.

El propósito de este libro es descubrir la fuente histórica de la libertad estadounidense y entender cómo la generación fundadora comprendía lo que se requiere para mantener la libertad en una sociedad libre. Y hacer eso es verdaderamente descubrir de nuevo el papel de Dios en la historia de Estados Unidos y en la continua historia de la libertad estadounidense.

Este descubrimiento se presenta en las páginas de esta obra en forma de una gira por la capital de nuestra nación, donde un pueblo libre conserva numerosas referencias a Dios y la fe religiosa de muchos de nuestros más respetados líderes. Sea en un pergamino, inscrito en piedra, hormigón o metal, o que haya sido expresado por artistas en escultura, relieve o cuadro; esas referencias históricas son conservadas por motivo y razón de las generaciones futuras.

Como hemos visto a través de esta sencilla gira, la creencia de que nuestro Creador es la fuente de la libertad estadounidense está literalmente tallada en la piedra, el cemento y el mármol de la historia de este país.

Al reflexionar en lo que hemos aprendido en este paseo por Washington, DC y en la visión que los Padres Fundadores tenían para Estados Unidos, deberíamos estar conscientes de que la elite de los profesionales de los medios de comunicación, académicos y legales están enérgicamente determinados a imponer una visión diferente y radicalmente secular en contra de los deseos de la mayoría de los estadounidenses.

Esta perspectiva rechaza la sabiduría de la generación fundadora tildándola de anticuada y luego trata la noción de nuestras libertades dadas por Dios como un curioso artefacto de 1770, pero con poca importancia práctica para estos tiempos de mayor iluminación.

Esta elite trabaja arduamente en las cortes y en las aulas donde intenta dar un vuelco a dos siglos de libertad religiosa y política, claramente entendida por los ciudadanos.

En los tribunales, vemos un esfuerzo sistemático por parte de esa elite para erradicar toda expresión religiosa de la vida pública. El continuo intento de remover las palabras «bajo Dios» del Juramento a la bandera es el más conocido de esos esfuerzos incansables; a la vez, estos están en total desacuerdo con el punto de vista de la gran mayoría de los ciudadanos. Sin embargo, han tenido éxito hasta la fecha porque durante los últimos cincuenta años la Corte Suprema se ha convertido en una permanente convención constitucional en las que los caprichos de cinco abogados nominados han rescrito el significado de la Constitución. Bajo este nuevo todopoderoso modelo de la Corte y por extensión la voraz Corte del Noveno Circuito, la Constitución y las leyes pueden ser redefinidas por los jueces federales sin la supervisión de las otras dos ramas pares del gobierno.

Una vez que los cinco jueces decidieron que no podemos orar en las escuelas o durante una graduación, o que no podemos exhibir los Diez Mandamientos, perdimos esos derechos. Si los cinco jueces deciden que no podemos decir que nuestra nación está «bajo Dios», entonces también perdemos ese derecho. Si por ejemplo decidieran que la pornografía virtual de niños en el Internet está protegida por la libre expresión y dictaminaran que orar y expresarse políticamente no lo están, no sólo están escribiendo arbitrariamente las leyes de la nación sino usurpando los derechos legítimos de la rama legislativa de nuestro gobierno para crear leyes.

Este arrebato de poder por la Corte es un fenómeno moderno y una ruptura dramática en la historia de Estados Unidos.

El peligro está en que las cortes nos llevarán del claro entendimiento que somos una nación «bajo Dios» (donde hemos sido dotados por nuestro Creador de ciertos derechos inalienables; de la vida, la libertad y la búsqueda de la felicidad) a la de una nación que conocemos muy bien la historia, una nación bajo el gobierno del estado donde los derechos no son otorgados a los individuos por su Creador, sino por aquellos que están en el poder, gobernándolos. La historia está repleta de ejemplos de esos fallidos modelos cuya filosofía es que el poder todo lo soluciona: el nazismo, fascismo, comunismo y sus desastrosas consecuencias.

En las aulas, el modelo estadounidense está bajo ataque. El pensamiento tradicional de nuestra nación formada por la unión de un pueblo, el pueblo estadounidense, ha sido asaltado por las múltiples culturas, la ética situacional y un modelo neutral de valores en que los principios occidentales y la historia de este país son pasados por alto, minimizados, o ridiculizados. A menos que actuemos para revertir esa tendencia, la próxima generación crecerá sin entendimiento de los esenciales valores estadounidenses. Esto destruirá a los Estados Unidos que hemos conocido, tan cierto como si un invasor extranjero nos conquistara.

Es imperativo que establezcamos un firme fundamento para la educación patriótica sobre la cual se pueda añadir conocimiento; de lo contrario, los estadounidenses no tendrán conocimiento de los valores nacionales ni de cuán importante y grande es ser ciudadano de este país. Thomas Jefferson escribió que el mayor valor al estudiar el pasado es «poner el pueblo a salvo, porque ellos son al fin, los guardianes de su propia libertad... La historia, al enseñarles lo pasado les preparará para ser los jueces del futuro».

Es importante entender qué es lo que hace a Estados Unidos tan especial y por qué generación tras generación de diversos pueblos han inmigrado a esta gran tierra en busca de libertad y oportunidades. Si los ciudadanos de este país no aprecian a Estados Unidos y lo que representa, ¿cómo podrán estar listos y dispuestos a defenderlo? Como dijo Jefferson, los estadounidenses deben conocer cómo se originó este país para saber hacia dónde deben dirigirse.

Debemos asegurarnos de que el entendimiento y apreciación de cada estudiante respecto a Estados Unidos sea enriquecido a través del aprendizaje del significado del texto en los documentos de su fundación, comenzando con la Declaración de Independencia en la que Jefferson escribió la proposición original de que hemos sido dotados por nuestro Creador con derechos inalienables. Ese reconocimiento fue lo que dio a los Fundadores el fundamento sobre el cual crear confiadamente una república que ha persistido por más de dos siglos.

Debido a que el autogobierno es la forma más difícil en la que los seres humanos pueden organizarse, debemos convertir en prioridad nacional el estudio de la historia estadounidense, el más profundo y exitoso experimento en cuanto a la libertad con orden en la historia de la humanidad, fundado sobre la convicción de que nuestros derechos provienen de Dios.

Cada presidente, miembro del congreso y juez federal ha jurado proteger y defender la Constitución de Estados Unidos. Del mismo modo, cada ciudadano debe tener la misma responsabilidad. Si hemos de defender nuestra Constitución y sobrevivir como un pueblo libre en un mundo de peligros en aumento, debemos volver a descubrir nuestra historia como un pueblo dotado por nuestro Creador con ciertos derechos inalienables y como un pueblo que ayuda a sustentar nuestra libertad por medio del cálido abrazo a la libertad de la expresión religiosa, incluyendo el ámbito público, como un «apoyo indispensable» para nuestra prosperidad política.

En una carta escrita después que se firmó la Declaración de Independencia, el virginiano John Page presentó una retórica pregunta a Thomas Jefferson: «Sabemos que la carrera no es del que corre ni la batalla es del fuerte. ¿No piensas que un ángel monta el torbellino y conduce esta tormenta?»

Conocemos por tantos de sus escritos que George Washington estaba convencido de que en verdad Dios fue un agente activo en la historia de Estados Unidos. En una carta profundamente conmovedora, Washington expresó esa convicción a la congregación hebrea de Savannah:

> La misma Deidad que obra milagros, que en siglos pasados libertó a los hebreos de sus opresores egipcios y cuya agencia providencial últimamente ha sido vista en el establecimiento de estos

> Estados Unidos... que todos los habitantes, de toda denominación, participen en... las bendiciones de ese pueblo cuyo Dios es Jehová.

En su segundo discurso inaugural, Abraham Lincoln meditó que el Todopoderoso tuvo sus propios propósitos en la Guerra Civil y que sus juicios son «verdaderos y justos en sí».

Hoy, para muchos ciudadanos de este país, el ángel sigue montado sobre el torbellino y dirige la suerte del gran experimento político estadounidense en la libertad humana. Y si insistimos en que las cortes sigan los acontecimientos de la historia cuando interpreten la Constitución, como también la firme convicción de la gran mayoría de los ciudadanos, reestableceremos el derecho de cada ciudadano a reconocer públicamente a nuestro Creador como la fuente de nuestros derechos y sabiduría. Y si insistimos en la educación patriótica tanto para nuestros hijos como para los nuevos inmigrantes, conservaremos «las cuerdas místicas de la memoria» que han convertido a Estados Unidos en la nación más excepcional de la historia.

Una gira a pie por la capital de nuestra nación

Direcciones y mapas

Los Archivos Nacionales: Para llegar a los Archivos Nacionales y comenzar con la gira a pie, tome el Metro Rail hasta la salida Gallery Place/Chinatown (en la llamada línea roja) y camine hacia el sur sobre Seventh Street hacia el National Mall. Continúe caminando por la Seventh Street hasta la intersección con Constitution Avenue. (Al cruzar Pennsylvania Avenue, mire hacia su izquierda y verá un panorama completo del Capitolio.) Los Archivos Nacionales estarán a su derecha al llegar a Constitution Avenue.

El Monumento a Washington: Desde los Archivos Nacionales, camine hacia el oeste sobre Constitution Avenue (alejándose del Capitolio) o camine sobre el National Mall en la misma dirección. Para ver el Monumento a Washington de cerca se requiere adquirir boletos, las barreras de seguridad actuales no permiten el acceso a visitantes a esa sección entera. Usted puede obtener boletos gratis visitando el kiosco que se encuentra frente al Monumento a Washington, aunque son limitados y se dan a los que llegan primero. Por eso debe ir temprano por la mañana. Por un costo de servicio de un dólar y cincuenta centavos, puede reservar boletos en Internet. Para horarios específicos visite el sitio de Internet de National Parks Service: http://www.recreation.gov/. Planifique y reserve los boletos con anticipación debido a que se agotan rápidamente.

El Monumento a Jefferson: Del Monumento a Washington, camine hacia el sur sobre Fifteenth Street y cruce Independence Avenue (hacia la Tidal Basin [la cuenca de marea]).

El Monumento a Lincoln: Desde el Monumento a Jefferson, puede caminar alrededor de la Tidal Basin (siga la Ohio Drive sobre el pequeño puente al otro lado de la península y camine pasando el memorial Franklin Delano Roosvelt, al que hacemos referencia en este libro), o puede salir siguiendo el mismo camino que utilizó cuando vino al monumento y doblar a la izquierda (caminando hacia el oeste) hacia el Monumento a Lincoln.

Monumento a los Veteranos de Vietnam: Saliendo del Monumento a Lincoln, camine al nordeste hacia Constitution Avenue. Es un trayecto muy corto.

El Monumento a Franklin Delano Roosevelt: Del Monumento a los Veteranos de Vietnam, cruce por el National Mall hasta Independence Avenue y luego nuevamente hacia los árboles de cereza y la Tidal Basin. (Este sería un buen momento para parar y ver el memorial de la Guerra de Corea, si no lo ha hecho aún.)

El Capitolio: Desde el Monumento a Franklin Delano Roosevelt, camine al este sobre Independence Avenue hacia el Monumento a Washington (y páselo). Quizás este sea un buen momento de visitar a su representante congresista y solicitarle una gira por el Capitolio.

La Corte Suprema: Directamente al este del Capitolio está la Corte Suprema, entre First Street NE y Maryland Avenue.

La Biblioteca del Congreso: La Biblioteca del Congreso está ubicada en la Colina del Capitolio en el sudoeste de Washington, DC. Está compuesta por tres edificios contiguos: El Edificio Thomas Jefferson, ubicado al frente del Capitolio; el Edificio James Madison en 101 Independence Avenue SE; y el Edificio John Adams en Second Street SE.

El Edificio Ronald Reagan: Este edificio está ubicado sobre Fourteenth Street entre E Street y Constitution Avenue.

La Casa Blanca: Por metro se llega más fácil a la Casa Blanca desde McPherson Square (líneas azul y anaranjado). Al centro de visitantes se accede mejor desde el Federal Triangle (líneas azul y anaranjado). Las calles que circundan la Casa Blanca están cerradas al tránsito.

La Iglesia Presbiteriana de New York Avenue está ubicada a sólo dos cuadras al nordeste de la Casa Blanca sobre New York Avenue entre las calles Fourteenth y Thirteenth.

El Monumento a la Segunda Guerra Mundial: Este monolito está ubicado un poco más allá del Monumento a Washington sobre Seventeenth Street.

El Cementerio Nacional de Arlington: El tren de la línea azul tiene una parada en el Cementerio Nacional de Arlington durante el horario de visitas. Si usted conduce un automóvil, cruce el Memorial Bridge [puente memorial] y diríjase derecho cruzando la rotonda. El estacionamiento para visitas está sobre la izquierda; el costo para estacionar es de un dólar y cincuenta centavos la hora.

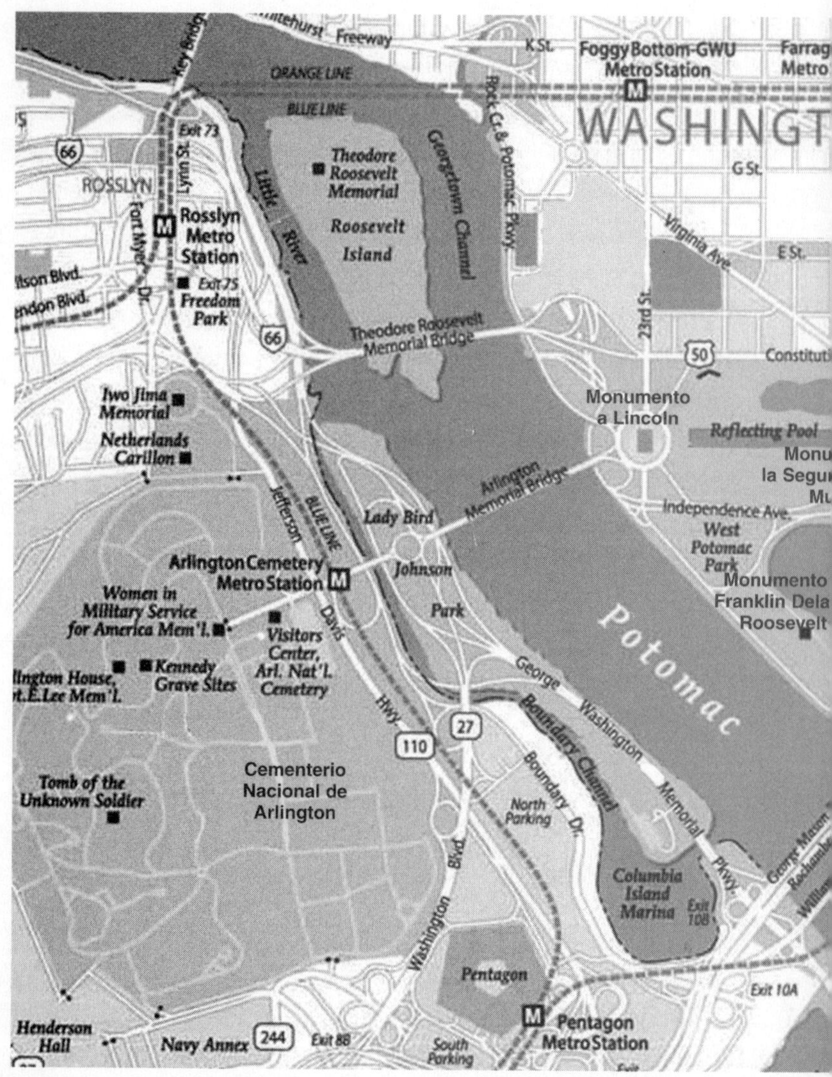
Freeway
Key Bridge
ORANGE LINE
BLUE LINE
K St.
Foggy Bottom-GWU
Metro Station
WASHINGT
Exit 73
66
ROSSLYN
Lynn St.
Fort Myer Dr.
Rosslyn
Metro
Station
Theodore
Roosevelt
Memorial
Roosevelt
Island
Little River
Georgetown Channel
Rock Cr. & Potomac Pkwy.
G St.
Virginia Ave.
E St.
23rd St.
Exit 75
Freedom
Park
Theodore Roosevelt
Memorial Bridge
50
Constitut
Iwo Jima
Memorial
Netherlands
Carillon
Monumento
a Lincoln
Reflecting Pool
Arlington
Memorial Bridge
Jefferson
BLUE LINE
Lady Bird
Johnson
Park
Independence Ave.
West
Potomac
Park
Arlington Cemetery
Metro Station
Women in
Military Service
for America Mem'l.
Visitors
Center,
Arl. Nat'l.
Cemetery
Kennedy
Grave Sites
Potomac
Monumento
Franklin Dela
Roosevelt
Davis Hwy
George Washington Memorial Pkwy.
Boundary Channel
Boundary Dr.
27
110
Cementerio
Nacional de
Arlington
Tomb of the
Unknown Soldier
North
Parking
Columbia
Island
Marina
Exit
10B
Washington Blvd.
Pentagon
Exit 10A
Henderson
Hall
Navy Annex
244
Exit 8B
South
Parking
Pentagon
Metro Station

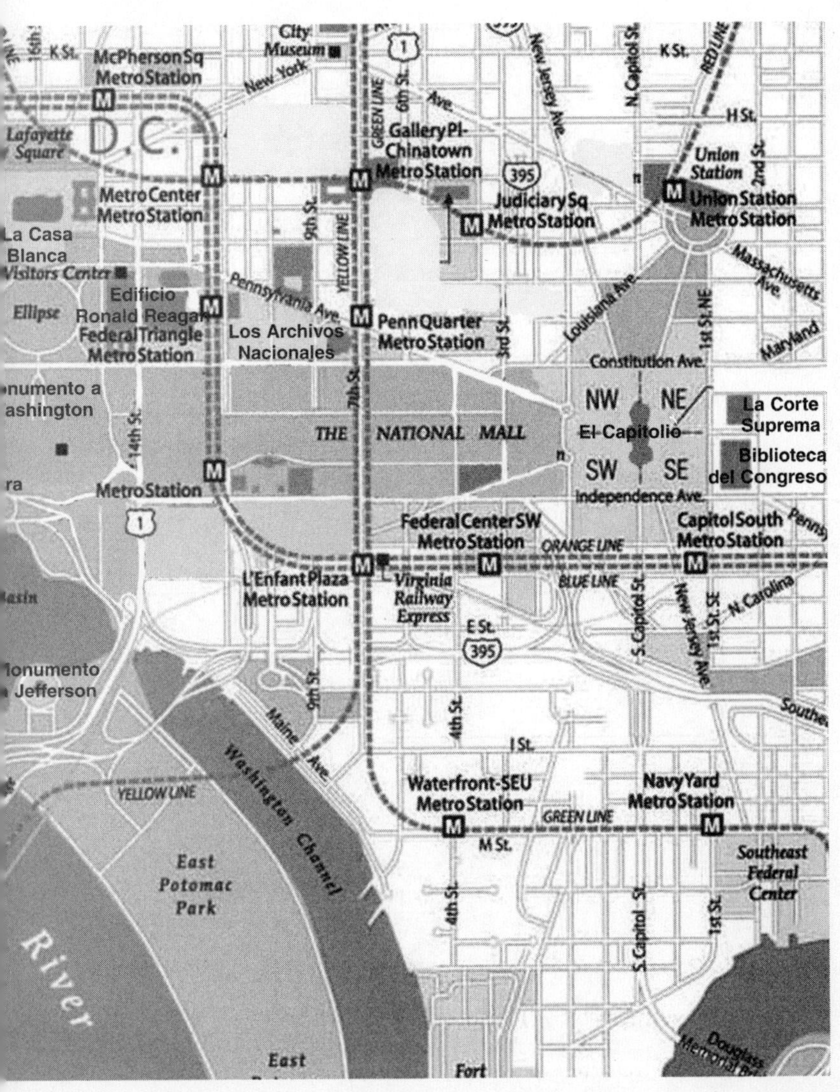
City Museum
K St.
McPherson Sq Metro Station
New York Ave.
GREEN LINE
6th St.
Gallery Pl-Chinatown Metro Station
New Jersey Ave.
N. Capitol St.
K St.
RED LINE
H St.
Lafayette Square
D.C.
Union Station
2nd St.
395
Union Station Metro Station
Metro Center Metro Station
9th St.
YELLOW LINE
Judiciary Sq Metro Station
La Casa Blanca
Visitors Center
Massachusetts Ave.
Edificio Ronald Reagan
Federal Triangle Metro Station
Ellipse
Pennsylvania Ave.
Los Archivos Nacionales
Penn Quarter Metro Station
3rd St.
Louisiana Ave.
1st St. NE
Maryland
Constitution Ave.
7th St.
NW
NE
La Corte Suprema
14th St.
THE NATIONAL MALL
El Capitolio
Biblioteca del Congreso
SW
SE
Metro Station
Independence Ave.
Federal Center SW Metro Station
Capitol South Metro Station
ORANGE LINE
L'Enfant Plaza Metro Station
Virginia Railway Express
BLUE LINE
S. Capitol St.
New Jersey Ave.
1st St.
N. Carolina
E St.
395
Jefferson
9th St.
4th St.
Maine Ave.
Washington Channel
I St.
YELLOW LINE
Waterfront-SEU Metro Station
Navy Yard Metro Station
GREEN LINE
M St.
Southeast Federal Center
East Potomac Park
4th St.
S. Capitol St.
1st St.
River
East
Fort
Douglass Memorial Br.

Los Archivos Nacionales

PD-USGov

Congress of the United States

RESOLVED

PD-USGov-NARA

Los Archivos Nacionales

IN CONGRESS. JULY 4, 1776.

The unanimous Declaration of the thirteen united States of America.

PD-USGov

Los Archivos Nacionales

We the People

Article I

Article II

Article III

Article IV

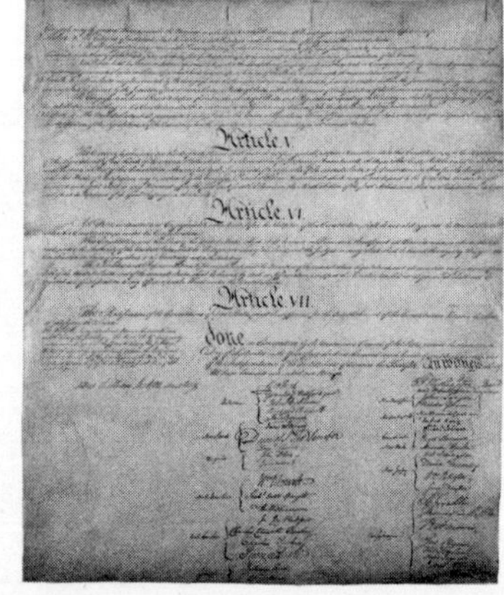

Article V

Article VI

Article VII

Done

Todos: PD-USGov-NARA

Monumento a Washington

PD-art
PD-User

Monumento a Jefferson

PD-USGov-Military

PD-USGov-Military

Monumento a Lincoln

PD-USGov-Military

PD-USGov
Interior-VPS

Monumento a los Veteranos de Vietnam

PD-USGov-Interior-VPS

Monumento a Franklin Delano Roosevelt

PD-USGov

PD-User

El Capitolio

PD-art

PD-art

PD-art

El Capitolio

PD-art

PD-art

PD-art

La Corte Suprema

PD-art

PD-USGov

PD-USGov

PD-USGov

PD-USGov

PD-USGov

La Biblioteca del Congreso

Todos: PD-USGov

Edificio Ronald Reagan

Todos: PD-USGov

La Casa Blanca

Todos: PD-USGov

Monumento a la Segunda Guerra Mundial

PD-User

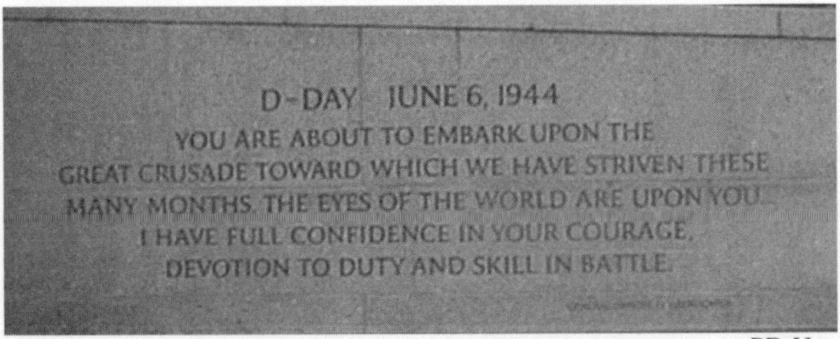

D-DAY JUNE 6, 1944
YOU ARE ABOUT TO EMBARK UPON THE
GREAT CRUSADE TOWARD WHICH WE HAVE STRIVEN THESE
MANY MONTHS. THE EYES OF THE WORLD ARE UPON YOU.
I HAVE FULL CONFIDENCE IN YOUR COURAGE,
DEVOTION TO DUTY AND SKILL IN BATTLE.

PD-User

Cementerio Nacional de Arlington

PD-USGov-Military

PD-USGov-Military

Acerca del autor

NEWT GINGRICH es reconocido como el arquitecto del "Contrato con América" que llevó al partido republicano a la victoria en el año 1994, obteniendo la mayoría en el Congreso por primera vez en cuarenta años. Bajo su liderazgo, el Congreso pasó la reforma de la asistencia social, el primer presupuesto equilibrado en toda una generación y el primer recorte de impuestos en dieciséis años. Como autor, Newt ha publicado nueve libros incluyendo los éxitos de librería *Contract with América* y *To Renew America* y su libro más reciente, *Winning the Future: A 21st Century Contract with America*. Ahora, después de haber sido Presidente de la Cámara de Representantes, Newt se ha convertido en un conferencista muy solicitado, dirigiéndose a algunas de las organizaciones más prestigiosas del mundo.

Para conocer más acerca de las ideas y soluciones que tiene Newt Gingrich para ganar el futuro de Estados Unidos, especialmente en cuanto a la protección de la expresión religiosa en el ámbito público de Estados Unidos se refiere:

Escuche: *Winning the Future with Newt Gingrich*, programa diario de comentarios radiales

Sea parte de su movimiento American Solutions for Winning the Future,

www.americansolutions.com

Inscríbase: el boletín noticioso electrónico semanal *Winning the Future*

www.winningthefuture.com

Lea: *Winning the Future: A 21st Century Contract with America* (Regnery Publishing, Inc.)

Ahora disponible para pedidos en: www.regnery.com y www.newt.org